Ursula Kosser OHNE UNS

Ursula Kosser OHNE UNS

Die Generation Y und
ihre Absage an das Leistungsdenken

DUMONT

Erste Auflage 2014
© 2014 DuMont Buchverlag, Köln
Alle Rechte vorbehalten
Umschlag: Lübekke Naumann Thoben, Köln
Satz: Fagott, Ffm
Gesetzt aus der Sabon und der Futura
Gedruckt auf säurefreiem und chlorfrei gebleichtem Papier
Druck und Verarbeitung: CPI books GmbH, Leck
Gedruckt auf säurefreiem und chlorfrei gebleichtem Papier
Printed in Germany
ISBN: 978-3-8321-9740-7

www.dumont-buchverlag.de

Inhalt

Ein-Geständnis statt Vorwort

Ich gebe zu, ich wollte aufgeben. Und das nicht nur einmal. Weiter gestehe ich an dieser Stelle meinem Mann und der interessierten Öffentlichkeit, dass die Arbeit an diesem Buch, bevor sie überhaupt richtig begann, 248 Euro und 74 Cent gekostet hat. Diese Summe hat mir der Miele-Kundendienst für die Reparatur meiner Waschmaschine in Rechnung gestellt. An das feixende Gesicht des Monteurs, als er Klumpen verklebter Zeitungsseitenpampe aus der Wasserpumpe der Maschine zog, erinnere ich mich dabei nur ungern. Es war zu der Zeit, als ich über das Thema nachzudenken begann und auf jeder zweiten Zeitungsseite interessante Beiträge fand. Für den Psychologen ist die Sache natürlich klar: ein typischer Fall von selektiver Wahrnehmung. Der Miele-Monteur aber sagte, dass man solches Informationsmaterial auf keinen Fall in den Taschen zu waschender Kleidungsstücke vergessen sollte. Ja, danke auch.

Ein zweiter Aufbewahrungsort für das Anfangsmaterial fand sich auf dem Boden unseres gemeinsamen Schlafzimmers, in dem ich auch gerne am Laptop arbeite. Es gab Zeiten, da beanspruchte mein ausgeklügeltes, aber nur mir verständliches Ablagesystem mit aufgeschlagenen Büchern, Fotokopien und Zeitungsausrissen derart viel Platz, dass nur ich noch imstande war, hüpfend den Weg durch das Labyrinth ins Bett zu finden. Meine Ehe hat auch das mit Unterstützung einiger Flaschen Rotwein ausgehalten.

Was ich mit dieser Vorrede sagen will: Mein Thema stellte sich mir zu Anfang ähnlich konkret und übersichtlich dar wie der Versuch, Schule, Sexualität oder Rückenschmerzen schriftstellerisch abschließend zu bearbeiten. Am Anfang war ein diffuses Unbehagen, keine deutlich abgegrenzte Thematik. Ein ungutes Gefühl über den Zustand meiner festen Überzeugungen, über die Gültigkeit meiner gesicherten Meinungen, die ich von den Menschen um mich herum in meinem alltäglichen Leben habe.

Mir kam es so vor, als ob ich mich zunehmend in moorigem Gelände bewegte. Werte, die mich bisher wie Leitplanken durch unsicheres Terrain führten, verloren bei meinen Mitmenschen offenbar an Bedeutung. Alte politische Ziele, für die ich kämpfte und die immer noch von regierenden Politikern verfolgt werden, schienen obsolet zu werden. Und was mich besonders zu irritieren begann: Diese Entwicklung war nicht nur bei den Jungen zu beobachten, sondern in allen Altersgruppen und Gesellschaftsschichten. Angestrebt wird nicht mehr und nicht weniger als ein anderes Leben, das mit meinem im Laufe der Jahre sorgsam aufgebauten Idealtypus in vielen Teilen nicht mehr übereinstimmt.

Geht nur mir das so? Ich fing an, Fragen zu stellen, und fand zu meinem Erstaunen heraus, dass sich meine Unsicherheit mit hoher Geschwindigkeit ausbreitete. Derart viel publiziertes Material über das Thema türmte sich plötzlich vor mir auf, dass sogar meine achtzehnjährige Tochter meinte, mir Mut machen zu müssen. Sie riet mir aufzuhören. Dazu sei nun wirklich alles gesagt, und vor allem, »sorry, Mama«, von den frustrierten Frauen meiner Generation. Da war was dran. Als wir zusammen durch eine große Münchner Buchhandlung tigerten, lag ihr Beweismaterial überall herum. Sie musste nur zugreifen. Und sie tat es. Mit einem Gesichtsausdruck, den ich ganz und gar nicht an ihr mag, hielt sie mir ein Buch hoch: »Hier, Mama, lies doch nur mal diesen Titel«, und las mir das Buchcover von Bascha Mika (Verzeihung, Kollegin) leicht spöttisch vor: »Die Feigheit der Frauen: Rollenfallen und Geiselmentalität«.

Was sollte ich sagen? »Aber deine Mutter hat doch auch für dich um alles Mögliche gekämpft«, versuchte ich eine schwache Ge-

8

genwehr. »Ich meine, ich habe für dich auf der Straße demonstriert, zum Beispiel für mehr Frauenrechte. Bedeuten dir unsere Themen von damals denn gar nichts mehr?« Dieser Frage wollte ich nachgehen, beschreiben, nach welchen neuen Regeln die Generation Y – und nicht nur sie – tickt. Ein faszinierendes Thema sei das, fanden meine Freunde. Und schon begann die Qual erneut. Jeder hatte etwas beizutragen. Und jeder riet mir zu einem anderen Schwer- und Standpunkt.

Ich war also angemessen verunsichert und zeigte mein Exposé einer Altersgenossin, die mit mir jahrelang für Frauenrechte und ähnliches »Gedöns« gekämpft hatte. Sie fand das Thema »sehr wichtig« und riet mir, den Schwerpunkt auf das zu legen, was die jungen Leute wollen, diese »Generation der Leistungsverweigerer«. Am Rande könnte ich ja auch meine und deren Bedenken bezüglich Gleichberechtigung und Emanzipation darstellen. Sie las meine Zusammenfassung des Buches. Wunderbar, hieß es. Aber, fragte sie mich dann verwundert: »Du scheinst die Generation Y ja zu mögen?« So ist es, antwortete ich. Aber das gehe rein dramaturgisch nicht, bekam ich zur Antwort. Mit meinen 55 Jahren und dem Kampfhintergrund für Frauenrechte müsste ich diese Jugend doch als Faulenzer und Verräter der Bewegung entlarven. Sie jedenfalls würde gegenüber diesem »Jungvolk ohne Ehrgeiz« so empfinden. Fand ich zwar spannend, aber dann doch nicht ganz auf der Höhe der Zeit – und vor allem entsprach es nicht meinen neuen Erkenntnissen.

Ein männlicher Freund vom Fach gab – zu Rate gezogen – den Tipp, das Thema müsse unbedingt unter besonderer Berücksichtigung der soziologischen Aspekte der sich verändernden Arbeit im Zeitalter 2.0 angegangen werden. Und bitte nicht zu viele Belege aus dem täglichen Leben der jungen Leute. Das verwirre nur. Was wiederum mich verwirrte.

Nach sich häufenden Irrungen suchte ich anderen Beistand. Bei denen, über die ich schreiben wollte, und denen, die irgendetwas über sie wissen sollten. Ich schickte Fragebögen kunterbunt in die Welt hinaus. Dank Internet kein Problem.

Ich führte hoch hergehende Streitgespräche mit jungen Kolleginnen und Kollegen, ich ging an die Uni und in Unternehmen. Mit vielen Kampfgefährtinnen aus der guten alten Zeit mit klaren Fronten habe ich gestritten und mir Polemik und Einseitigkeit vorwerfen lassen. Ich habe auch WissenschaftlerInnen, PolitikerInnen, AutorInnen und TrendforscherInnen befragt. Ich wollte wissen: Gibt es eine neue Allianz zwischen Alt und Jung, die nicht mehr mitmachen, was Politik und Gesellschaft uns vorzuschreiben versuchen? Spielen Frauen da eine gesonderte Rolle? Dazu gab mir etwa die neue SPD-Frauenministerin Manuela Schwesig interessante Antworten.

Ich wollte auch erfahren: Kollabiert meine Vision von Welt, ohne dass ich es merke? Einige meiner Gesprächspartner begleiteten dieses Buch und schrieben mit. Sie sind nicht alle prominent, aber sie haben etwas zu sagen. Herausgekommen ist ein Kaleidoskop gesellschaftlicher Veränderungen, in dem sich die alten, *meine* alten Werte brechen und zu neuen bunten Mustern zusammenfügen – den ersten Konturen einer neuen Welt.

Ich berichte über eine unaufgeregte Form von Revolution, die sich ganz selbstverständlich und unauffällig im Alltag abspielt und doch genau das ist: eine Umwälzung unseres bisherigen Lebens.

Worum es geht

Was sind denn das für Kinder! Ohne Ehrgeiz. Unpolitisch. Geradezu arbeitsscheu. Ihnen ist egal, wofür wir gekämpft haben. Was soll denn aus denen einmal werden? Ich bin Mutter von einer, die dazugehört. Sie ist achtzehn, und ich habe viele Jahre Gelegenheit gehabt, mir anzusehen, was da in meiner Wohnung und bei meinen Freunden heranwächst. Und so manches Mal habe ich mich dabei in einem Anflug von Selbstmitleid gefragt, ob wir Eltern jetzt die Kinder bekommen, die wir verdient haben.

Bis ich die andere Seite dieser IT-Kids und ihrer etwas älteren Vorturner, der Generation Y, entdeckt habe. Und die gefällt mir. Ich habe gelernt, dass diese Jugend irgendwie cooler ist, als wir es in diesem Alter waren. Gelassener, nicht so verbissen, auch wenn diese jungen Leute gerade dabei sind, mein System festgefügter Werte mit ein paar Klicks in der Unendlichkeit des World Wide Web verschwinden zu lassen.

Bis vor kurzem habe ich diese Jugend noch für undankbar gehalten. Wir Eltern haben sie in Daunen gebettet, mit unserem Ehrgeiz und Streben dafür gesorgt, dass es ihnen besser geht als uns. Als Gegenleistung könnten sie unsere Werte achten und unsere Lebensziele anpeilen, habe ich jedenfalls gedacht. Aber dann fragte mich meine Tochter eines Tages, was ich an ihr eigentlich auszusetzen habe. Etwa dass sie behütet aufgewachsen sei, materiell gesichert, immer mit dem neuesten Handy in den bauchnabelfreien Markenjeans? Taschen von Prada seien schließlich kein Teufelswerk, nur weil Mama immer noch mit einem Lederrucksack herumläuft. Ich finde, sie hat recht.

Können wir wirklich darüber jammern, dass die Sprösslinge keine Bücher mehr lesen, wenn sie schon als Kleinkinder vor dem iPad zwischengelagert werden? Können wir uns beschweren, wenn sich der Ehrgeiz des Nachwuchses, sich kulturell zu bilden, auf DSDS und GNTM beschränkt? Wer hat diese Sendungen denn erfunden? Die fallen ja nicht vom Himmel.

Und trotzdem verwirrt und irritiert mich diese Jugend, weil sie ohne viel Aufhebens ganz ruhig meine Welt ins Wanken bringt. Karriere, Status und Erfolg sind dabei, die obersten Plätze auf der Prioritätenliste des Lebens zu verlieren. Der Beginn des guten Teils des Lebens wird nicht mehr, wie bei uns üblich, auf den ersten Tag nach dem Ende des Arbeitslebens geschoben. Luthers

Psalm 90, wonach das Leben köstlich war, wenn es Mühe und Arbeit gewesen ist, hat ausgedient.

Sie reden nicht viel darüber, denn sie leben es längst. Männer und Frauen gemeinsam, ohne sich im Geschlechterkampf zu verstricken. Wir haben sie ja auch zu gut erzogen, als dass die Generation Y ihren Eltern ihr »Fuck you!« ins Gesicht sagen würde. Doch höflich zeigt sie unserem Leistungsdenken, unserem geschlechterspezifischen Emanzipationsgehabe und unserem hierarchischen Karrierestreben den Stinkefinger.

Diese Verweigerer alter Werte zetteln weder eine Revolution auf der Straße an, noch gehen sie in den Untergrund. Sie ziehen nicht vor die Leipziger Thomaskirche und skandieren: »Wir sind die Zukunft!« Sie deuten nicht den alten Spruch der Spontis »Stell dir vor, es ist Krieg, und keiner geht hin« für sich um. Sie nehmen es achselzuckend hin, dass die Politik schlicht nicht mitbekommt, dass sich eine bessere als die von ihr propagierte Idealgesellschaft entwickelt. Sie gehen hin und wollen diese bessere Gesellschaft leben – und zwar jetzt.

Und es sind nicht nur die Jungen, die ein Leben mit neuen Prioritäten nicht mehr nur träumen wollen. Karrieremenschen in mittleren Jahren, Frauen vorneweg, gefolgt von immer mehr Männern, krempeln plötzlich ihr bis dato auf Anerkennung und Erfolg getrimmtes Leben um. »Opt-out« und goodbye. Wir gehen dann mal nach Hause. Einfach so. Und selbst Menschen im letzten Lebensdrittel versuchen eine Kehrtwende. Der sinnlose Kampf gegen das Altern, »anti aging«, ist out. Das Alter genießen, »successfull aging«, ohne Botox, aber fröhlich, ist in. Die Suche nach dem Sinn des Lebens trägt neue Namen und währt ein Leben lang. Es ist nie zu spät für eine glückliche Jugend.

Die zieht uns gerade davon und nimmt lauter Wegelagerer mit.

Da passiert etwas Wichtiges – und wir, Eltern und Politikmacher, hinken hilflos hinterher. Wir jagen immer noch den gesellschaftspolitischen Idealen nach, mit denen wir aufgewachsen sind.

Die politischen und gesellschaftlichen Abläufe bleiben immer weiter hinter der Lebensrealität zurück. Mein vom Kampf für die Gleichberechtigung gezeichneter Lederrucksack ist reif für den Flohmarkt. Ein gänzlich unspektakuläres, ruhiges Aufbegehren ist dabei, Gesellschaft und Wirtschaft von Grund auf zu verändern.

Sorry, Frau Kosser, ich habe Besseres zu tun

»Die Jugend liebt heute den Luxus. Sie hat schlechte Manieren, verachtet die Autorität, hat keinen Respekt mehr vor älteren Leuten und diskutiert, wo sie arbeiten sollte.«

Sokrates

Natürlich wusste ich noch, was »VoBo-Inis« sind. Da musste meine Tochter, die das irgendwo aufgeschnappt hatte, schon mit kniffligeren Fragen aus meiner Sturm-und-Drang-Zeit in den achtziger Jahren des vorigen Jahrhunderts kommen. VoBo-Inis ist die Abkürzung für »Volkszählungsboykott-Initiativen«, klärte ich sie lässig auf. Schließlich war ich 1983 assoziiertes Mitglied einer solchen Initiative, lief mit Plakaten durch die Stadt mit Aufschriften wie »Zählt nicht uns, zählt eure Tage« und »Nur Schafe lassen sich zählen«.

Fast die Hälfte der Deutschen brachten wir damals mit unserem Kampf um unsere persönlichen Daten hinter uns. Der Druck von der Straße wurde derart stark, dass sich sogar das Bundesverfassungsgericht mit dem Volkszählungsgesetz beschäftigte und die Regierung zu Nachbesserungen zwang. Aus unserer damaligen Sicht plante die Regierung ja nichts Geringeres als die totale Überwachung jedes einzelnen Bürgers. Immerhin wollte sie jeden Volljährigen im Lande zwingen, Auskunft zu geben über seine Wohnsituation und Erwerbstätigkeit – mit vollem Namen und Adresse.

»Und dagegen habt ihr demonstriert?« Meine Tochter schielte zu mir herüber, als ob sie um meine Gesundheit fürchtete. Sie war gerade dabei, bei diesem »echt geilen« neuen Internet-Modeversand aus New York via London einzukaufen und dafür dem WWW alle ihre persönlichen Daten anzuvertrauen.

Zu meiner Jugendzeit war leicht zu erkennen, wofür oder wogegen wir waren. Man ging gegen die Volkszählung auf die Straße, demonstrierte gegen die Stationierung von Mittelstreckenraketen in Deutschland oder hängte sich ein Poster des neuen Bundeskanzlers Helmut Kohl ins Zimmer. Natürlich nicht aus Verehrung. Sondern weil er da saß, ganz allein im Plenarsaal des Bundestages, mit abscheulich zufriedenem Gesicht, nachdem er gerade Helmut Schmidt gemeuchelt hatte.

Wer nicht für Franz Josef Strauß war, der war irgendwie für Alice Schwarzer. Wir jungen Frauen jedenfalls. Denn wer die Welt verbessern wollte, der kämpfte auch gegen unsere Benachteiligung und für Frauenrechte. Im vorigen Jahrhundert habe ich meine Zeit damit verbracht, für meine Tochter und deren Freundinnen, ja auch ihre Freunde, für Frauenquoten, Doppelnamen, Teil- und Elternzeit, Kindergartenplätze und gegen den Paragraphen 218 zu Felde zu ziehen. Kurzum: Ich hege und pflege meine Empörung über die Benachteiligung der Frau seit über dreißig Jahren. Ich habe diese Benachteiligung immer wieder selbst erlebt und über eine ihrer dunkelsten Seiten, die sexuelle Belästigung im Beruf, ein Buch geschrieben. Ganz selbstverständlich bin ich davon ausgegangen, dass ich jede andere Frau von der Notwendigkeit einer Quotenregelung überzeugen kann. Denn freiwillig werden die Männer ihre erdrückende Übermacht in den Spitzenpositionen von Wirtschaft und Politik nicht aufgeben.

Doch dann kam diese Gegenfrage einer jungen Kollegin, die ich im Stillen wegen ihrer Kompetenz schon auf einen der per Quote erkämpften Chefredakteurssessel im Mediengewerbe gesetzt hatte. Sie fragte allen Ernstes: »Wollen wir das denn eigentlich?« »Ja wie, wollen«, stotterte ich. Einen Moment lang versiegte mein rheinischer Redefluss.

Junge Frauen heute hätten jedenfalls andere Prioritäten in ihrem Leben, als die Zeit damit zu vertun, Männer im Wettlauf um die nächste Beförderung zu schlagen, dozierte die begabte Kollegin. Und sie kenne viele Frauen ihrer Generation, die genauso dächten. Und das mit den Frauenquoten, na ja, das sei, ich möge ihr verzeihen, ein wenig out-dated, jedenfalls in ihrer Altersgruppe, wenn ich verstände, was sie meine.

Ich bin sicher, wenn ich nicht ihre Chefin gewesen wäre, dann hätte sie mich noch ganz anders niedergemacht. Doch auch so hatte mich ihre Meinung, mit meinen frauenpolitischen Forderungen nicht mehr von dieser Welt zu sein, tief getroffen.

Nicht zum ersten Mal.

Ich war zwar nie dieser eher verbissene Typ »Lila Latzhose«. Aber wenn ich sie als sichtbares Zeichen meines Kampfes für Frauenrechte getragen hätte, dann wäre sie an jenem Tag im Sack einer Altkleidersammlung verschwunden, als meine damals sechzehnjährige Tochter Katarina mich mit einer Mischung aus Verachtung und Mitleid ansah und sagte: »Mama, du bist echt bescheuert feministisch!« Ihre Generation sei jedenfalls nicht so verkrampft auf Gleichberechtigung und all so was aus. Das alles sei für sie überhaupt kein Thema mehr.

Das verunsicherte mich. Die Ziele der Emanzipation, an die ich geglaubt und für die ich mich eingesetzt hatte, sollten plötzlich wertlos geworden sein? Die Ideale meines Lebens, verschwunden in der Altkleidersammlung?

Die junge Frau in meiner Familie und ihre Freunde haben die Abwendung vom Wertesystem ihrer Mütter bereits als Lebenseinstellung verinnerlicht. Die jungen Frauen wollen nicht mehr hinter den Männern herhecheln, um sie irgendwann zu überholen. Und die jungen Männer? Auch sie stellen den Wert der Jagd nach Prestige, Macht und Reichtum in Frage. Sie haben keinen Bock, in das Hamsterrad ihrer Eltern zu steigen und immer dieselben Runden zu drehen. »Hetzt nur weiter – aber ohne uns« heißt ihre Devise. Und wenn ich mich über Feminismus und Frauenbefreiung ereifere, dann sagen sie sich: »Ach ja, Oma erzählt mal wieder vom Krieg.«

Sie emanzipieren sich vom Gesellschaftskampf um die besten Plätze, wenden sich ab und steigen aus dem Karrierespiel aus. Emanzipation heißt für die Generation Y längst nicht mehr, die Unterschiede zwischen verschiedenen »Menschensorten« zu leugnen. Emanzipation bedeutet für sie, dass wir uns gegenseitig akzeptieren, wie wir halt sind.

Meine Emanzipation, so scheint es mir inzwischen, ist dabei, erwachsen zu werden. Sie trägt neue Titel wie Ministerpräsidentin, Verteidigungsministerin oder Bundeskanzlerin und versteckt sich hinter Bezeichnungen wie Gender Mainstreaming, Generationenpolitik, Männerpolitik und Work-Life-Balance.

Während große Teile von Politik, Wirtschaft und auch ich noch die alten gesellschaftspolitischen Ziele ansteuern, sind diese schon überholt, bevor sie erreicht worden sind. Mein Kampf um die Gleichberechtigung von Mann und Frau könnte schon bald dazugehören. Das vernichtende Urteil meiner Tochter darüber lautet, dass wir gleichstellen wollen, was nicht gleich ist. Und neuerdings auch nicht gleich sein will.

So gesehen muss die bisherige Gleichstellungspolitik scheitern, weil sie die Veränderungen in der jungen Generation und die Unterschiede zwischen den Geschlechtern unterschätzt.

Die Verweigerung der Nachwachsenden, jahrhundertealte Denkweisen zu übernehmen, ist kein revolutionärer Aufstand, kein offener Kampf für Neues, sondern ein stilles Abwenden mit Intelligenz und Humor. Und der Wandel im Umgang zwischen den

Geschlechtern hat nicht nur die Frauen, sondern auch die Männer erfasst.

Dieser gesellschaftliche Klimawandel ist überall spürbar, im sozialen Miteinander, in der Politik und besonders auch in der Wirtschaft. Und gemeinsam wollen sie nur eines: Nichts, was kaputt macht. Die Spitzenmanager der Unternehmen müssen zur Kenntnis nehmen, dass dieser Wertewandel kein vorübergehender Spleen ist, der sich auswächst. Ihre eigene Position, der obere Teil der klassischen Karriereleiter, verliert an Attraktivität – mit allen Konsequenzen für unser Miteinander. Es wird Zeit, darüber nachzudenken, wie man die »Ihr könnt mich mal«-Menschen gesellschaftlich einfängt. Kategorien und Klischees, die aus grauer Vorzeit ohne iPod und iPad stammen, bleiben dabei auf der Strecke.

Warum trägt eine Generation ein Y?

»Ich könnte ja, wenn ich wollte,
aber ich will nicht können, wie ihr wollt.«

Generation-Y-Spruch

An die Spitze der Karawane »Stinkefinger« hat sich die Generation Y gesetzt. Nicht geplant oder organisiert. Sie macht das einfach. Weil es so ist. Ihr Alltag, ihre Gefühlswelt, ihr Leben.

Eine Generation, für die Globalisierung Alltag ist und die Audiokassetten für einen Tonträger hält, der zu Zeiten der »Flintstones« erfunden wurde. Dieser IT-Nachwuchs ist mit dem Handy unter der Schulbank aufgewachsen und kann nicht verstehen, wieso sich auch nur ein Mensch auf dieser Welt darüber aufregt, wenn ein Bundesfinanzminister während einer Bundestagssitzung nebenher auf seinem iPad Sudoku spielt. Das brachte 2011 Wolfgang Schäuble noch in die Schlagzeilen. Für die Ypsilons ist es längst alltägliche Selbstverständlichkeit, in jeder Minute bereit zu sein, seine Aufmerksamkeit mit den Angeboten der modernen Kommunikationstechnologie zu teilen. Autofahren und chatten? Aber hallo! Babywickeln und eine SMS schreiben? Wo ist das Problem. Sudoku beim Sex? Geil. Die Realität ist nicht mehr eindimensional. Albert Einsteins Relativitätstheorie der Physik hat Eingang in die Soziologie des Alltags gefunden: Raum und Zeit sind keine absoluten Größen mehr.

Wie bei meinem Patenkind Karla, zarte fünfzehn und unsterblich verliebt. Meiner Freundin, ihrer Mutter, gefiel das gar nicht. Sie war wie wohl die meisten Mütter fünfzehnjähriger Töchter der

Meinung, dass Mädels in dem Alter noch nicht so weit sind. Wobei allerdings offen bleibt, womit sie noch nicht so weit sind. Jedenfalls gluckte das junge Liebespaar, fand Mutter, viel zu eng und viel zu häufig zusammen. Also bat sie mich, mit Karla auf eine einsame Berghütte zu fahren, damit ihre Tochter Abstand gewänne und auf langen Wanderungen im Angesicht von Felsen und Gämsen wieder zur Vernunft käme. Zu Mamas Vernunft natürlich. So wie früher eben, als unsere Mütter Ähnliches mit uns versucht haben und es noch möglich war, durch eigene Ortsveränderung Abstand zu gewinnen.

Da ich eine nachsichtige Patentante bin, hatte ich Verständnis für Karlas Wunsch, im Hochgebirge nicht völlig von der übrigen Menschheit abgeschnitten zu werden. Und immerhin gab es bei der Hütte einen Generator, der Strom erzeugte. Ich erlaubte ihr also, dann und wann mal kurz Facebook zu checken. Man will ja wissen, was man zu Hause so alles verpasst. Zum Beispiel die wichtigste Party, die je auf Gottes Erdboden veranstaltet wurde und auf der sich gerade alle, wirklich alle Freundinnen amüsierten.

Doch meine Großzügigkeit war ein Fehler. Kaum angekommen setzte sich Karla auf ihr Bett, klappte ihren Laptop auf und war nicht mehr ansprechbar. Und da spielte es dann auch keine Rolle mehr, auf welchem Bett sie in welcher Umgebung saß. Denn in rund 2000 Kilometern Entfernung, in Portugal, hockte ein junger Mann ähnlich wie Karla auf seiner Matratze. Auch ihn hatten die Eltern in den Urlaub verschleppt. Na und?

Die beiden taten das, was junge Leute eben heute so tun, egal, ob sie nebeneinander auf dem Bett hocken oder 2000 Kilometer zwischen ihnen liegen. Sie flirteten und schnitten Grimassen per Skype, twitterten, quatschten über WhatsApp, Instagram oder auf FaceTime, und das Stunde um Stunde, bis zur völligen Erschöpfung. Schon in der ersten Nacht schlief Karla zusammen mit ihrem fernen Geliebten ein. Sie wachte schließlich, wie sie mir später gestand, wie jede zweite Frau vom lauten Schnarchen ihres Kerls auf. Karla hatte allerdings kein Problem, das lästige Knurren und Röcheln zu stoppen. Anders als schnarchende Männer im Ehebett lassen sich Computerprogramme per Mausklick schließen. Was für ein Segen des IT-Zeitalters!

Worüber ich immer noch staune, das hat es für die Generation Dotcom schon immer gegeben, und zwar rund um den Erdball. Wohin die Jungen auch reisen, Facebook ist schon da. Wen immer sie treffen, das weltweite Netz hat alle eingesponnen. Bisher hatte jede Generation ihre Identifikation, ihre Merkmale, an denen sie von der vorausgegangenen und folgenden zu unterscheiden war. Jetzt fließt alles ineinander. Die Generation Dotcom und die ihr folgenden können überall zugleich sein, sind überall und nirgends. Ist das nun gut oder schlecht?

Ich wage mich mutig in einen Blog – das ist tatsächlich leichter, als ich dachte – und werde sofort fündig. Da schreibt »Bloggerin Felicitas, 29« mit dem typischen Ton der Generation Y: »Wir jungen Menschen brauchen zwischendurch einfach mal eine verlässliche Ansage, zu welcher Generation wir jetzt genau gehören. Wie wir später in den Geschichtsbüchern heißen werden. Wir sind da gar nicht so. Wenn man uns sagt, wer wir sind und was wir so tun und denken, sind wir gerne bereit, uns auch entsprechend zu verhalten. Damit die Sache auch passt und rund wird. Ich zum Beispiel habe schon einige Praktika hinter mir, bin zuversichtlich, twittere regelmäßig, wohne gerade mal wieder zu Hause, mein Lebenslauf ist lupenrein, ich bin mit dem Internet aufgewachsen, besitze einen iPod, man findet mich bei Facebook, na ja, und wenn mich irgendein Radiomensch auf der Straße fragt, wer der dritte deutsche Bundeskanzler war, dann habe ich keine Ahnung – also passe ich wahrscheinlich auch in die Generation Doof.«

Oder auch nicht? Die junge Bloggerin findet solche Stigmatisierung hochgradig lächerlich. »Zu jeder dieser Generationen gibt es diverse Studien, Umfragen und Artikel. Danach bin ich dann zum

Beispiel oberflächlich oder egoistisch oder ich-bezogen. Alles schön und gut, will ich alles gerne sein, aber ihr müsst euch schon entscheiden. Was passiert denn, wenn ich im nächsten Jahr bei Facebook aussteige und keinen Praktikumsplatz bekomme? Bin ich dann raus? Was sind das überhaupt für seltsame Schubladen?«

Das Y wird im Englischen ausgesprochen wie »why«, und das heißt »warum«. Diese Generation fragt stetig und nervend »Warum?«. Die »Millennials«, eine weitere Bezeichnung für die Ypsilons, zweifeln so ziemlich an allem, wofür wir uns stark gemacht haben. Warum eigentlich sollen Volkswirtschaften immer weiter wachsen? Wofür soll ich mich im Job genauso kaputtmachen wie mein Vater? Wieso hat ein Chef immer recht? Warum können Familie und Beruf nicht miteinander vereinbart werden? Bin ich tatsächlich glücklicher, wenn ich nach oben strebe? Die Generation Warum tut alles, um ihrem Ruf alle Ehre zu machen.

Generation Warum:
Erst siebzehn, schon veraltet und stets am »Updaten«

»Ich bin das verrückte Kind, das losrennt, um das Leben
zu umarmen, das hinfällt und wieder aufsteht und mit
aufgeschlagenen Knien weiterrennt.«

Brief meiner Tochter an ihre Mama

Zunehmend erleben selbst die ganz Jungen, in welcher Hochgeschwindigkeit sie durch die Wurmlöcher des technischen Zeitalters gebeamt werden. Katarina zum Beispiel, als sie völlig geschockt vom Kinderhüten bei den Nachbarn nach Hause kam. Die kleine Nachbarin, neun Jahre alt, vierte Klasse, hatte sie gefragt, ob die Kati, als sie in der Vierten war, ihren iPod mit in die Schule nehmen durfte. Sie dürfe das nicht, und das fand sie doof. Katarina hatte lange überlegt. Durfte sie oder nicht? Es wollte ihr partout nicht einfallen. Immerhin war das ja schon acht Jahre her. Bis ihr die schreckliche Erleuchtung kam: Als sie in der vierten Klasse war, gab es noch gar keinen iPod. Die kleine Nachbarin konnte es nicht fassen. Katarina auch nicht.

Die Kabarettistin und Schauspielerin Annette Frier versucht gleich zwei Kinder in diese neue Welt hinein zu erziehen. Bruno und Josefina sind 2012 erst vier Jahre alt, stehen also am Anfang ihrer Internetkarriere. Oder gehören sie, gerade von Windeln befreit, doch schon zu den Fortgeschrittenen? Sie können natürlich das, was für Kinder in dem Alter heutzutage üblich ist: mit einem iPhone umgehen. »Wenn meine Zwillinge mein iPhone in die Finger bekommen«, erzählt die bekannte, aber bodenständige Mama, »dann wissen Sie ganz genau, was sie anstellen müssen, um ihr Memory-Spiel oder das Fotoalbum zu finden.« Aber nicht nur das. Sie sind der Technik sogar schon voraus. Annette Frier: »Sie sind auch schon zum Fernseher gelaufen und haben über den Bildschirm gewischt, weil sie das Programm wechseln wollten.«

Die Generation Y lebt, was für Major Tom noch das sichere Ende bedeutete: Sie bewegt sich völlig losgelöst von Ort und Zeit durch das All. Die Dotcomer lernen von Geburt an, dass nichts lange Bestand hat, dass die Zyklen von »in« und »out« immer kürzer werden. Das erfasst alle Lebensbereiche. Es gibt kein Entrinnen mehr. In den Köpfen der nach 1980 Geborenen ist das WWW fest installiert. Sie alle sind Tag und Nacht im Netz zu erreichen.

Kaum eine andere Technologie hat den Alltag in zwei Jahrzehnten so drastisch verändert wie das World Wide Web. Der Zugang zu HTML-Dokumenten über Datenleitungen wurde am 30. April 1993 für die öffentliche Nutzung freigeschaltet. Am Anfang waren nur wenige aktiv mit dabei, heute umfasst das Web mindestens vierzehn Milliarden Websites. Wenn man die Zeit berücksichtigt, die Menschen inzwischen freiwillig mit und in ihm verbringen, dann müsste eigentlich große Zufriedenheit bei allen herrschen.

Immerhin dürfen sie sich nahezu unbegrenzt und bezahlbar mit dem beschäftigen, was sie offenbar am liebsten tun.

Ein Nachmittag in der Stadt auf Einkaufsbummel mit einem Major-Tom-Kid. Keine Sekunde lässt meine Teenie-Tochter das als alte Audiocassette verkleidete Kommunikationswunder namens iPhone aus den Augen. Ihre genervte Mama: »Wenn wir durch die Stadt gehen, schau dich doch wenigstens mal um, sonst können wir auch gleich zu Hause bleiben.«

»Warum? Das ist München. Kenn ich doch!«

»Ja. Aber man kann doch mal in die Schaufenster gucken. Die Geschäfte dekorieren nämlich dann und wann um.«

»Wenn ich nix kaufe, dann lohnt sich das nicht.«

Dann weckt doch noch eine Handtasche ihre Aufmerksamkeit. Ihr iPhone macht »klick« und mit dem Kommentar, dass sie das künftig mit Instagram machen wird, »das geht schneller«, schickt sie die Tasche zwecks Begutachtung via WhatsApp an ihre beste Freundin. Den Rest unseres Einkaufsbummels verbringt Katarina dann damit, sich in einem intensiven Chat-Verkehr mit ihrer Freundin, den Blick unverwandt auf den kleinen Touchscreen in ihrer Hand gerichtet, über die Details der Tasche auszutauschen.

Das ist gewöhnungsbedürftig für einen Menschen, der in einer Zeit sozialisiert worden ist, als technischer Fortschritt in der Telekommunikation darin bestand, Wählscheiben an Telefonen durch Drucktasten zu ersetzen. Aber die schöne neue IT-Welt ist da. Sie wird das Fühlen, Denken und Handeln des Menschen beeinflussen, ob der nun will oder nicht. Schon heute kann ich in der Münchner Innenstadt eine Pizza essen, dies meiner Freundin in Shanghai mit Bild und Ton live zeigen, meiner Tochter ein iPhone-Foto von der Speisekarte der Pizzeria schicken und sie fragen, welche davon ich ihr mitbringen soll, gleichzeitig meinen Kollegen in London per E-Mail einen Geschäftsbrief senden und nebenbei checken, ob mein Flieger nach Hamburg pünktlich ist.

Selbst ich kann das. Und ich bin mir im Klaren, dass ich immer ein Fremdling, ein Lehrling bleiben werde in diesem Kommunikationsgewerbe. Schon mein Nachwuchs schafft ein Vielfaches in derselben Zeit. Nur was am Nebentisch gerade passiert, das bemerkt keiner mehr. Gehen wir in eine Zukunft, in der jeder alles über jeden weiß, aber nichts über den Nebenmann? Werden wir uns dann »völlig losgelöst« wie Major Tom, aber auch völlig orientierungslos im Universum der Elektronen mit Lichtgeschwindigkeit verirren? Ist ein Leben ohne überhaupt noch vorstellbar?

Im Grunde spüren wir die Antworten schon, aber noch wird derart Revolutionäres nur ab und zu gedacht. Mehrere Studenten der Hochschule Furtwangen wollten wissen, wie sich das anfühlt, nur eine Woche ohne »Wisch und weg« zu leben. Ihre Testvorgabe lautete: Acht volle Tage auf jegliche mobile Kommunikation und das Internet verzichten.

Die Studenten dokumentierten ihre Erfahrungen handschriftlich in Tagebüchern (aus echtem Papier!). Ihr Lehrer, Armin Trost, Professor für Human Ressource Management an der Hochschule Furtwangen, hat 2010 das mutige »Zurück in die Steinzeit«-Experiment im Harvard Business Manager gebloggt. Er bedient sich dabei einer fiktiven Ich-Person:

»Normalerweise weckt mich mein Handy. Aber heute macht das mein Fernseher, den ich eigentlich sonst kaum noch benutze. Es hat mich eine Stunde gekostet herauszufinden, wie ich ihn als Wecker programmiere. Allerdings benötige ich den Wecker während meiner Internetabstinenz kaum mehr, weil ich so viel wie seit Jahren nicht mehr schlafe. Ich könnte mich daran gewöhnen. Sonst wünsche ich mir immer, ich wäre abends so müde wie morgens. Ich habe eigentlich nie das Gefühl, ausgeschlafen zu sein. Bei Facebook passieren die meisten Dinge nachts, und morgens schaue ich dann üblicherweise erst einmal rein. Das gehört für mich zum Aufstehen dazu. Weil ich nicht weiß, worüber die Freunde sprechen, fühle ich mich total isoliert. Seit Tagen lebe ich mit dem Gefühl, ständig etwas zu verpassen.

Auf dem Weg zur Uni will ich am EC-Automaten Geld abheben. Doch ich muss unverrichteter Dinge weiterziehen, weil ich meine Geheimzahl im Handy gespeichert habe. Und das liegt nun mal bei Professor Trost in der Schublade. Wenige Minuten später stehe ich in einem leeren Hörsaal. Wurde die Veranstaltung verschoben oder nur der Raum geändert? Wieder habe ich das Gefühl, den Schuss nicht gehört zu haben.

In der Pause erfahre ich, dass ich gestern eine spontane Party bei einem meiner Kommilitonen verpasst habe – weil ich nicht erreichbar war. Ich ärgere mich, gerade dort wäre ich gerne dabei gewesen. Was heute Abend passiert, steht noch in den Sternen. Ich muss das klären, solange ich meine Freunde sehe.

Eine gemeinsame Aktion spontan zu planen erscheint mir ohne Internet und Handy fast unmöglich. Um eine Zugverbindung herauszufinden, muss ich zum Bahnhof marschieren. Welche Filme laufen, erfahre ich erst beim Kino oder aus der lokalen Zeitung, die ich nicht abonniert habe.

Es ist nun später Nachmittag, ich bin in meiner Bude und versuche, an meiner Hausarbeit zu schreiben. Es ist zäh. Mir fehlt das gewisse Maß an Ablenkung. Normalerweise habe ich auf meinem Rechner immer mehrere Fenster offen. Sitze ich am Computer, dann bin ich auch online. Ich lerne, schreibe, chatte mit Freunden und höre Musik über YouTube – alles gleichzeitig.

Ich glaube, Internet und Handys nehmen uns allen die Geduld. Auf eine Nachricht per SMS erwarte ich eine Antwort innerhalb von Minuten. Noch krasser ist das im Chat bei Facebook. Wer nicht innerhalb von Sekunden antwortet, ist draußen.

Ich bin um 21 Uhr mit Freunden verabredet. Ich muss wirklich pünktlich sein. Sollte ich mehr als zehn Minuten zu spät kommen, laufe ich Gefahr, die anderen zu verpassen.

Wenn ich mit meinen Freunden abends unterwegs bin und dann nach Hause komme, ist immer erst einmal Facebook angesagt, auch wenn es schon drei Uhr ist. Wir treffen uns dort wieder und lassen den Abend ausklingen. Heimzukommen und direkt ins Bett zu gehen ist eine gewöhnungsbedürftige Erfahrung. Mir fehlt etwas. Vielleicht fühlen sich so Entzugserscheinungen an?

Ich schlafe schnell ein und träume von Facebook und wie ich mit Freunden chatte. Mir wird schnell klar, dass ich etwas Verbotenes tue, schließlich habe ich eine Erklärung unterschrieben. Ich habe im Traum ein schlechtes Gewissen. Dass es so was gibt?«

Der Professor und seine Studenten fanden neben einem ungewöhnlich schlechten Gewissen noch etwas anderes heraus: Es hat keinen Sinn, es zu haben. Es wird keine Generation mehr »ohne« geben.

»Ich bin gerade mal fünfundzwanzig Jahre alt und habe bereits zig Generationen überlebt.«

»Bei der jungen Generation verstehe ich
oft nicht diese Gelassenheit, mit der sie sich gefallen lässt,
wie die eigene Zukunft vor ihr hergeschoben wird.«

Jens Reich, Bürgerrechtler

Was eine Generation ist, das weiß doch jedes Kind. Die Omas und die Opas gehören zu einer Generation, die Mamas und die Papas, deren Kinder auch. Und so geht das weiter bis zum Ende aller Menschentage.

Aber ganz so einfach ist die Sache nicht mehr, seit Karl Mannheim sie 1928 in seiner Abhandlung »Das Problem der Generationen« sozialwissenschaftlich bearbeitet hat. Er machte Schluss mit dem chronologischen 30-Jahre-Rhythmus und teilte die Menschen stattdessen nach politischen, sozialen oder wirtschaftlichen Kriterien ein. Erst gemeinsame »Generationserlebnisse«, postulierte Mannheim, binden die zufällig in derselben Zeit lebenden Menschen zu einer Generation im soziologischen Sinn zusammen; prägende Ereignisse, die das Denken und Leben ganzer Geburtsjahrgänge lenken. Wie etwa ein Krieg. So entließ der Zweite Weltkrieg die »Kriegsgeneration«, all jene, die von den furchtbaren Ereignissen der unmittelbaren Vergangenheit für ihr ganzes Leben gezeichnet waren.

Doch danach war es schon wieder vorbei mit der schönen neuen Ordnung des Soziologen Mannheim. Dann ging es Schlag auf Schlag: Die 68er wirbelten den Mief im Nachkriegsdeutschland auf; die in den fünfziger Jahren geborenen 78er, die ersten Jahrgänge ohne Kriegserfahrung, probten die Rebellion, konsumierten Drogen und praktizierten in aller Öffentlichkeit zum Schrecken ihrer Eltern nichtreproduktiven Sex. Zukunftsforscher Matthias Horx nannte es in den Neunzigern den »Aufstand im Schlaraffenland«.

Und dort war wirklich viel los. Neue Bevölkerungskohorten, die in Generationen zusammengefasst wurden, folgten in immer kürzeren Abständen. Die Generation Berlin, die angeblich von der Wiedervereinigung Deutschlands geprägt ist, löste die bunte Brut der 89er ab. Nach den Berlinern wurde die Generation Golf analysiert. Und so ging es munter fort. Zum Ende des vorigen Jahrhunderts verkam der gute alte Generationenbegriff zu einer publizistischen und sozialwissenschaftlichen Modeerscheinung.

Ist das ganze Gewese, das um die jüngste Ausgabe einer Generation gemacht wird, auch nur eine Mode, eine Erfindung von erfinderischen Autoren in Büchern und Zeitungen? Was ist dran an der angeblichen Andersartigkeit des Nachwuchses, der um die Jahrtausendwende zu den Teenagern zählte und der inzwischen auf viele Namen hört? Sind Millennials, Digital Natives, Ypsilons oder Net-Kids vielleicht doch nur Namensschilder an Schubladen, in die Teilbereiche einer unübersichtlichen politischen, wirtschaftlichen oder sozialen Entwicklung einsortiert werden? Ist die Generation Y auch ein Ergebnis »intergenerationellen Abgrenzungswahns«, wie der Literaturkritiker Gregor Dotzauer die Sturzgeburten immer neuer Generationen in immer kürzeren Abständen nannte?

Bei der Generation Y, zu der inzwischen alles gezählt wird, was nach 1985 auf die Welt gekommen ist, gibt es solche Abgrenzungsprobleme allerdings nicht. Denen muss niemand ein Etikett auf die Stirn pappen, um sie als erst- und einmalig kenntlich zu machen. Diese Generation hat ihre eigene Besonderheit längst selbst definiert und fühlt sich verpflichtet, alles, was vor 1985 geboren ist, mit gebührender Herablassung über die eigene Welt aufzuklären. Soweit die »Ahnen«, also alles vor 1985, noch imstande sind zu folgen.

Kennen Sie zum Beispiel Philipp Riederle? Richtig, das ist der junge Mann, Jahrgang 1994, der schon seit seinem dreizehnten Lebensjahr mit seinem Podcast »Mein iPhone und ich« ein Millionenpublikum an seinen Erkenntnisprozessen im Netz teilhaben lässt und, inzwischen achtzehn, seit einigen Jahren Top-Managern bei Weltunternehmen wie Daimler, Bertelsmann und Telekom die Zukunft von Wirtschaft und Gesellschaft erklärt. »Wer wir sind und was wir wollen« heißt denn auch sein jüngstes, für seine verkalkte Klientel noch auf richtigem Papier gedrucktes Buch. Der Untertitel lautet: »Ein Digital Native erklärt seine Generation«. Und damit ist auch schon gesagt, warum die Generation des Abiturienten Riederle etwas ganz Besonderes ist im Vergleich zu allem, was davor »Generation« genannt wurde.

Der »Generalunterschied« (Riederle) zum Rest der Menschheit ist simpel. Auf der einen Seite steht er mit seiner Y-Truppe, die erste und einzige Generation, »die Medien, Kommunikation und digitale, soziale Vernetzung mit der Muttermilch aufgesogen« habe. Das sind die Eingeborenen eines neuen digitalen weltweiten Wunderlandes, die Digital Natives.

Und dann gibt es den noch lebenden, aber durch natürlichen Abgang rasch schrumpfenden Rest der Menschheit. Das sind die vor 1985 Geborenen, die digitalen Einwanderer. Sie vegetieren in einer Halbwelt zwischen verstaubter »Wetten dass …?«-Kulisse und unverstandener aktiver Netz-Kommunikation dahin. »Digital Immigrants« eben, die aus Unkenntnis darüber, was wirklich abgeht im Netz und seinen sozialen Netzwerken, immer noch von einem fiktiven Paralleluniversum faseln, während diese Welt für die digitalen Eingeborenen längst alles Fiktive verloren hat.

Oft wird in kleinen Szenen deutlich, wie groß der Abstand zwischen den Eingeborenen und den Einwanderern geworden ist. Im Juni 2013 besuchte der amerikanische Präsident Barack Obama die deutsche Bundeskanzlerin Angela Merkel in Berlin. Man sprach auch über umstrittene Ausforschungen der amerikanischen Geheimdienste bei Google und anderswo im Netz. Auf der gemeinsamen Pressekonferenz versuchte Netz-Immigrantin Merkel die dabei aufgetretenen Unstimmigkeiten mit einem Satz herunterzuspielen, der die native Gemeinde amüsierte. Die deutsche Bundeskanzlerin, 59, sagte: »Das Internet ist für uns alle Neuland.« Twitterer »Dominik« kommentierte: »Dieser Tag wird in die Geschichte eingehen. Deutschland, 19.06.2013: Merkel entdeckt Neuland«.

Was für Merkel *Terra incognita* ist und bleiben wird, das ist für die Generation Y Alltag und Realität. Ihre Realität, in der sie groß geworden ist und in der sie ihr Leben plant. Wie Deutschlands jüngster Unternehmensberater Riederle sagt: »Unsere Welt ist ein Smartphone.« Und Smartphones gibt es eben erst seit dem

Jahre 2007, als Apple sein iPhone auf den Markt brachte. Sorry, verehrte Ahnen.

Bisher konnten wir Ahnen mit solchen Schnoddrigkeiten der nachfolgenden Generationen locker umgehen. Das wurde unter der Rubrik »Hybris der Jugend« abgelegt. Das war schließlich bei uns genauso. Wir wussten auch alles besser, und das auch schon zu einer Zeit, als wir noch wenig wussten. Nur nicht so leben wie die vorige Generation, alles ändern. Ist das nicht das Ziel jeder Jugend? Aber es hat sich etwas verändert. Das Ablösungsritual jeder neuen Generation, das sich unserer Erfahrung nach stets nach ähnlichem Muster wiederholt, hat andere Regeln bekommen.

Früher ging es darum, die aufmüpfige Jugend trotz aller Widerstände in unsere Wertewelt zu integrieren. Meistens gelang das ganz gut. Zumindest der Rahmen unserer Werte und unseres Lebens blieb erhalten. Schließlich hat selbst Joschka Fischer irgendwann die Turnschuhe gegen vornehme Salonschleicher aus schwarz gelacktem Leder ausgetauscht und bewegt sich jetzt mit sichtlichem Genuss in der sogenannten feinen Gesellschaft.

Seit das WWW seine Weltherrschaft angetreten hat, läuft dieser Prozess in vielen Lebensbereichen andersherum. Wir Ahnen werden gezwungen, uns in diese neue Welt hineinzufummeln. Und das gilt nicht nur für die Technik. Das gilt vor allem für die Veränderungen, die diese Kommunikationstechnik im Fühlen und Verhalten, im Denken und Sprechen der Menschen bewirkt.

Eine Szene aus dem Sommer 2013. Beim hochkarätig besetzten Journalistentreffen des Netzwerk Recherche e.V. erzählen mir zwei junge Journalistinnen von einem tollen Artikel über die Generation Y. Die 29-jährige Kollegin von *taz online*: »Das stand da auf der – ach wie heißt jetzt das noch? Äh, Website? Quatsch. Startseite. Nein, auch nicht. Himmel, hilf mir mal.« Ihre 32-jährige Gesprächspartnerin von der *ZEIT* versuchte sich: »Meinst du Homepage?« Ausnahmsweise konnte ich mit meinem veralteten Wissen punkten: »Ihr meint dies gedruckte Dings mit Namen Zeitung, oder? Die hat eine Titelseite.« Ja, dieses Wort aus der Zeit vor der Jahrtausendwende hatten sie gesucht.

Vor allem die Bedeutung der Sprache verändert sich mit einer Geschwindigkeit, bei der wir Ahnen kaum noch mithalten können – und viele wohl auch nicht wollen. Seit Jahrtausenden ist sie das wichtigste Verständigungs- und Kommunikationsinstrument des Menschen. Jetzt zeichnet sich eine radikale Änderung ab. Reden wir bald nicht mehr? Mailen, wischen und whatsappen wir nur noch im grenzenlosen Netz? Verliert die Sprache ihre Vorherrschaft?

Bereits in den Anfängen des IT-Zeitalters plädierte der südafrikanische Mathematiker und Psychologe Seymour Papert dafür, dass jeder schon in seiner frühen Jugend eine einfache Programmiersprache lernen sollte. »Logo« wollte er dieses universelle Kommunikationsmittel nennen. Eine zweite Muttersprache, die jeder beherrschen sollte. Inzwischen ist in der Realität längst vollzogen, was für Papert noch pädagogisches Ziel war.

Jüngst verkaufte der 26 Jahre alte Amerikaner David Karp seine Firma mit dem unaussprechlichen Namen Tumblr für 1,1 Milliarden Dollar an den Internetriesen Yahoo. Tumblr beschäftigt 178 Mitarbeiter und macht nur wenig Umsatz. Tumblrs Kapital: um die 110 Millionen Mitglieder (oder wohl besser User) weltweit.

Schon wieder eines dieser verrückten Geschäfte in der prall gefüllten Internetblase, so könnte man meinen und die Sache unter dem Kürzel CNIW (Crazy New IT-World) ablegen. Aber viel interessanter als der nach traditionellen betriebswirtschaftlichen Maßstäben irrwitzig hohe Kaufpreis ist das, was sich hinter diesem Jackpot verbirgt. Karps Blogdienst Tumblr sammelt und verwaltet GIFs. Aha, denken jetzt wir ahnungslosen Ahnen und rollen mit den Augen. Vielleicht fügen wir noch ein verständnisloses »Soso« hinzu. Denn das ist die Sprache, die bei den meisten digitalen Immigranten wie mir wohl nur noch Ratlosigkeit erzeugt.

Ich habe mich schlaugemacht. Hinter dem Kürzel GIF verbirgt sich das von Steve Wilhite in der IT-Steinzeit, nämlich schon 1987, erfundene »Graphics Interchange Format«. Je mehr ich über GIF erfuhr, desto mehr kam ich mir nicht nur wie eine Ahnin, sondern eher wie eine Urahnin vor. Denn es fiel und fällt mir schwer nachzuvollziehen, warum über 100 Millionen Menschen auf der ganzen Welt einen Teil ihrer Zeit damit verbringen, mit Tumblr oder ähnlichen IT-Diensten sprachlos zu kommunizieren.

GIF ermöglicht es, eine kurze Folge mehrerer Bilder zu animieren. Da schneiden dann plötzlich ganz normale Porträtbilder Grimassen oder Filmszenen werden in ihre Bestandteile zerlegt. Extrem kurze bewegte Bildpassagen, mit GIF separiert und animiert, verlieren so den Zusammenhang zum ursprünglich Dargestellten und gewinnen eine ganz eigene Wirkung. Schon wird diese Technik als neue digitale Kunstrichtung gepriesen. Und das alles läuft über Tumblr. Dort werden die Mini-Animationen veröffentlicht, verändert und millionenfach verbreitet.

Wenn solche Spielereien, selbst wenn sie am Rande sogar die Qualität von neuer IT-Kunst erlangen, nur dem Zeitvertreib einer digitalisierten Jugend dienten, dann brauchten wir Ahnen uns darüber sicherlich nicht den Kopf zu zerbrechen. Aber GIF und Co unterhalten nicht nur, sie verändern den Menschen. Sie tragen zu einem neuen Lebensgefühl bei, das in die Verhaltensmuster der digitalen Generation eindringt.

Über seinen Schreibtisch hat sich Neumilliardär David Karp ein Poster gehängt, das diese tiefgreifende Wirkung satirisch überhöht darstellt. Da prostet sich ein zackenzahnmäßiges Strichmonster mit dem Spruch zu: »Before Tumblr I was just a lonely crazy monster. Now I have so many friends and I party all the time.« Millionen kleine GIFs, von Millionen Menschen erdacht und kommuniziert, haben aus dem einsamen Satirewesen eine Kreatur gezaubert, die sich sozial geborgen fühlt und sich glücklich aus der Welt der Ahnen mit all ihren Riten und Zwängen verabschieden kann.

33

Listen to the music

»Kinder reden doch immer Stuss.«

Karl Lagerfeld

Nichts ist besser geeignet, das Lebensgefühl einer Generation nach-
zuempfinden, als die Musik. Wir hatten unseren Rock 'n' Roll,
später die Flower-Power mit Blumen im Haar und natürlich die
Beatles. Irgendein »Let it be« müssen die doch auch haben, dachte
ich. Haben sie! Und sogar mit deutschem Text, was für einen Menschen, der bei der ersten Neuen Deutschen Welle schon erwachsen
war, kaum nachvollziehbar ist. Aus den Texten lerne ich, dass die
Generation Y auch dort ihre eigene Sprache spricht, lyrisch und
profan, real und märchenhaft, aber auf jeden Fall für Ahnen weit-
gehend unverständlich. Ich jedenfalls habe den Zauber der Songs
nicht verstanden und meine Tochter um Hilfe gebeten. Die hat mich
aber nur mit ihrem herablassenden Y-Blick angesehen und gesagt:
»Was kann man denn da nicht verstehen? Genauso ticken wir.«
Urteilen Sie selbst über diese Liedzeilen der Band »Frittenbude«.

Zeitmaschinen aus Müll

Sie laufen nackt durch den prasselnden Regen,
und springen nachts von der Brücke ins Wasser.
Sie bau'n Baumhäuser in die Stadt und
Zeitmaschinen aus Müll.

Sie sitzen blinzelnd in der Sonne, unten am Fluss,
da wo die andern nie hingehn'
und werfen non-stop die Scheiße weiter,
in der sie tiefer als bis zu den Knien drinsteh'n.
Sie liegen sich in den Armen, unterm' Koloss von Rhodos
und schmeißen Steine auf Wannen geh'n
gemeinsam durch Mordor.

(…) sie geben heute keinen Fick
und machen sich um morgen Sorgen.
Jeder sein eigener Flick, sein eigener Reißer.
(…) trotzdem etwas erreicht
gegen jede Prophezeiung nicht nur etwas gefeit
schon lang nicht mehr so glücklich,
doch noch das Abi gemacht (…)

Alles klar? Ich frage Freundinnen meiner Tochter. Die Antworten sind Fragen: »Ja, ähh? Was verstehen Sie daran jetzt nicht?« – »Wie sollen wir Ihnen denn das erklären? Das geht eigentlich gar nicht!« Auch an der Münchner Uni komme ich mir vor wie ein Alien. Dort werden mir die Passagen über das Abi und die Baumhäuser ausführlich erklärt. Ich verstehe die Erklärungen leider genauso wenig wie den Text. Und wenn ich sie hier radebrechend wiederholen würde, dann würde ich mich nur blamieren und mich würde wiederum keiner verstehen.

Aber vielleicht bringt uns das weiter. Zum Thema »Rich Kidz« fällt dem deutschen – unter Youngster-Club-Gängern angesagten – Rapper Prince Kay One in seinem gleichnamigen Album Folgendes ein: »Was interessieren mich die Bitches? All dieser Luxus. Scheiß auf Champagner, scheiß auf die Partys, das Geld. Wir sind erwachsen.« Wenn diese Kinder sich aufmüpfig gerieren, dann nennen sie sich Generation »fuck you«. Die gewalttätige Seite dieser Szene wird mit Geschichten über Sido und ähnliche Musikgrößen hinlänglich abgedeckt. Das Lebensgefühl diskutiert unser Nachwuchs mit Phantasienamen im Netz. Ein Beispiel, geschrieben von »babeeu.91.blond«:

»Die Generation Fuck definiert sich unter anderem dadurch, dass sie absolut progressiv feiert und trotz des selbstzerstörerischen Dave Lifestyles klare Ziele und einen hohen Erfolgsanspruch lebt. Es ist eine Generation die viel fordert, sich aber letztendlich durch eine gewisse Einfachheit auszeichnet, deren Befriedigung sich wiederum absurderweise schwierig darstellt. Emotional geht diese Generation oft über Leichen, obwohl sie sich eigentlich nur nach Geborgenheit sehnt. Wir sind einfach eine Generation, die sich keiner Leitlinie mehr bedienen kann, sich diese aber im Gegensatz zu unseren Heroen der späten Siebziger und Achtziger aber wohl durchaus wünscht. Wie oft ich schon Gespräche über ›Struktur‹ mit allmöglichen Menschen zwischen zwanzig und vierzig aus verschiedensten Szenen hatte, das glaubst du nicht – oder zumindest glaube ich das manchmal selbst fast nicht. Wir stehen/liegen/leben in einer bizarr schnelllebigen Zeit, in einer fucking digital world, die uns auf der einen Seite mit fremden Menschen verknüpft, nicht wirklich verbindet und uns von unseren unmittelbaren Mitmenschen weiter trennt. Na ja, und im Prinzip verbindet uns diese digitale Welt eben dann doch miteinander im Sinne eines gemeinsamen Nenners, weil die quasi ›persönlichen‹ Probleme hierbei dann eben doch dieselben sind – versteht man das überhaupt noch?«

Waren wir denn eigentlich so viel besser? Eines ist sicher: Wir hatten die klareren Feindbilder. Das machte manches einfacher. Um dabei zu sein reichte es häufig, dagegen zu sein. Und sonst? Drogen hatten wir auch schon. Nur nicht so viele synthetische. Im Sex waren wir nicht so gut in der Theorie, in der Praxis wohl eher freier. Unsere Musik war mindestens so laut, denn auch bei uns gab es schon Verstärker, die Bässe boosten konnten. »Ganz entspannt im Hier und Jetzt« hatten wir mit Bhagwan sogar eine eigene religiöse Bewegung. Löcher in den Jeans sind keine Erfindung des 21. Jahrhunderts und der Kajalstift ist es schon gar nicht.

Bleiben politische Überzeugungen. Seit sechs Jahren Finanzkrise, Euro-Drama und Banker-Gier – damit werden unsere Heranwachsenden mündig. Machtstreben lehnen sie ab. Das ist ihre Antwort auf die Elterngeneration. Schließlich erleben sie zu Hause den wirtschaftlichen Erfolg und seine Folgen. »Soll ich mich kaputt machen?«, fragte jüngst der Sohn eines Freundes seinen nach unseren Maßstäben erfolgreichen Vater. »Was habe ich davon? Ich will keinen Herzinfarkt mit fünfzig wie du.«

Ich pfeif drauf – Generation Anspruchsvoll sorgt für Kulturkrach

»Du hast keine Chance, also nutze sie.«

Herbert Achternbusch

Meine Kolleginnen und Kollegen in den Zeitungsredaktionen haben diese No-go-Generation, die sich hinter dem zweitletzten Buchstaben des Alphabets verbirgt, längst durchschaut. Das ist zumindest zu vermuten, wenn man sich die Überschriften ihrer einschlägigen Beiträge ansieht. »Wählerisch wie eine Diva beim Dorftanztee« ist der junge Nachwuchs, »Die Generation der 20- bis 30-Jährigen: faul und schlau!«.

Und die Menschenforscher der Wissenschaft haben auch schon herausgefunden, unter welchen sozialpsychologischen Umständen eine solche Entwicklung möglich war. Ihre Erklärung mutet einfach an: Die Kids haben nicht zu kämpfen. Weder dafür, noch dagegen. Sie hatten immer schon die Wahl. Von Geburt an wurden sie von der Generation X ihrer Eltern gefördert und gefeiert. Die volle Aufmerksamkeit von uns »Helikopter-Eltern« war ihnen gewiss. »Watte-Erziehung« nennt die *Bild* unseren Versuch, die Kinder schon sehr früh in unser Erwachsenleben mit einzubinden, als seien sie gleichberechtigte Partner. Kaum den Windeln entwachsen, durften sie mitentscheiden, ob unser Urlaub in die Berge oder an den Strand geht, oder sogar, ob wir eine neue Küche anschaffen sollen. Sie sind daran gewöhnt, sich verwirklichen zu dürfen.

Nun treten sie in das von uns Ahnen so genannte Arbeitsleben ein und erwarten, hier ginge es genauso weiter wie im behüteten Elternhaus. Und was mich verblüfft: es geht für sie so weiter. Sie fordern lautstark Aufmerksamkeit, Fürsorge, Mitsprache, ständiges Feedback. Und sie bekommen es. Die Schweizer Management-Beraterin Betty Zucker, die sich schon seit Jahren mit der Generation Y auseinandersetzt, beschreibt den Nachwuchs so: »Sie sind Kinder einer Zeit, deren Zeitgeist Flexibilität zum Lifestyle, aber auch zur Überlebensnotwendigkeit kürte. Sie sind in der Regel flexibel und kennen nichts anderes als den Wandel. Wandel heißt für sie auch Weiterentwicklung, Stabilität oft Stillstand. Und das wollen die meisten nicht.«

Wenn David Karp – das ist der junge Mann mit der Milliarde für Tumblr –, also wenn Karp reist, dann immer nur mit Handgepäck. Auch wenn er um die Erde fliegt. Außer dem, was er trägt und gerade in der Reinigung ist, besitzt er keine Klamotten. Einen Bücherschrank hat er nicht, ganz zu schweigen von Büchern. Besitz bedeutet für ihn Stillstand, Bewegung Fortschritt. Er wolle so mobil wie möglich sein, sagt der Jung-Milliardär, »so wie James Bond«.

Und sie verabscheuen unsere ausgetretenen Pfade, vor allem jene, von denen behauptet wird, dass sie zu den Gipfeln des Daseins führen. Vor zwanzig Jahren bemerkte die damalige Bundesfrauenministerin Angela Merkel in einem *Spiegel*-Gespräch mir gegenüber: »In Diskussionen erscheint Jugend oft als Krankheit, die durch möglichst schnelle Überführung in den unauffälligen Erwachsenenstatus geheilt werden müsse. Dass junge Leute dagegen aufmucken, ist klar.«

Sie tun es nicht mehr. Plötzlich kommen junge Leute daher, die nicht gegen die alten Strukturen opponieren. Denn das wäre ja zu ertragen. Denn das haben andere vor ihnen auch schon versucht. Ohne Erfolg. Diese jungen Menschen heute sind viel schlimmer. Das Alte ist ihnen egal!

Auch bei den Karrieristen ist das so. Personalprofis in angesehenen Weltunternehmen wie Daimler sind völlig verdutzt. Sie sind eine Nachwuchsklientel gewohnt, die sich nichts sehnlicher wünschte, als in die vorgegebenen Aufstiegsmöglichkeiten der Konzerne einzusteigen. Dieser Nachwuchs war dafür bereit, alles zu geben, inklusive Privatleben und den eigenen Krawattengeschmack. Die Firma gab den Takt vor. Und wer sich der hierarchischen Aufstiegsordnung nicht fügen wollte, der blieb eben zurück. Gescheitert. Heute scheitert die Firma, wenn sie dem selbstbewussten Nachwuchs keine akzeptablen Aufstiegsangebote macht.

Ich habe junge Kollegen, Studenten und frischgebackene Arbeitnehmer um ihre Meinung gebeten. Ihre Antworten auf meine Frage »Wächst da mit euch wirklich eine Generation von Diven heran, die sich die Welt ihren egoistischen Zielen unterordnen wollen?« ähneln sich, sind mutig und selbstbestimmt.

Daniela

»NEIN!! Die Generation vor uns verfiel ins Burn-out oder bereut heute, sich zu wenig um ihre Familie gekümmert zu haben etc. Wir wollen eben nicht dieselben Fehler machen und sagen: Um jeden Preis mach ich da nicht mit! Work-Life-Balance wird großgeschrieben. Aber dass wir Diven seien, gepampert werden und nicht für jedes Geld arbeiten wollen, höre ich zum ersten Mal.

Leute, die von zu Hause alles ›reingesteckt‹ bekommen, die gab es schon immer und so auch jetzt. Das hat mit der jeweiligen Generation nichts zu tun. Ich habe mir, wie auch die meisten meiner Freunde, alles selbst erarbeiten müssen; habe neben dem Studium gejobbt und unbezahlte Praktika gemacht (gleichzeitig, denn ohne Job kein Geld fürs Studium und ohne Praktika gibt's nach dem Studium keine Arbeitsstelle). Zudem arbeiten wir Endzwanziger zum großen Teil unterbezahlt, verdienen aufgrund der Praktika und der langen Studiendauer erst später unser eigenes Geld, als das früher der Fall war!

Ja, wir sind gut ausgebildet, selbstbewusst und insofern vielleicht ›Diven‹, als dass wir viele Optionen haben und uns daher oft nicht festlegen können/wollen. So nach dem Motto: Diesen Job sehe ich mir noch an; da schnuppere ich noch rein; weil ich's ja kann, aufgrund der Globalisierung und aufgrund dessen, dass wir mit Ende zwanzig, anders als unsere Eltern, noch keine Familie/Kinder zu ernähren haben.«

Laura

»Ich bin durchaus selbstbewusst und gut ausgebildet und habe zu Hause eine behütete Kindheit und eine gute Erziehung genossen. Jetzt gerade im Studium bin ich noch in der glücklichen Lage, mir meine Jobs aussuchen zu können und dabei auf gut bezahlte und durchaus angesehene Nebenjobs zurückgreifen zu können. Im späteren Berufsleben ist die Situation natürlich eine andere, wobei ich allgemein schon sagen würde, dass ich nicht für jedes Geld und unter jedem Druck einen Job behalten würde.«

Lea

»Generation Y überträgt den im Internet gelernten Ablauf, bei einem Beitrag eine Rückmeldung der Gemeinschaft oder bestimmter Personen zu erhalten, auf den Job. Ein realer ›Rund-um-die-Uhr-Like-Button‹ für den Chef. Und wenn keiner ›Gefällt mir‹ drückt, beenden wir die Freundschaft und ›posten‹ fortan nur noch für andere. Manchmal geben wir die Diva aus Hollywood: Wenn uns was nicht passt, drehen wir uns um und gehen. Allerding sind wir nicht zickig. Wir machen es genauso wie bei Google: Wenn man dort nach drei Klicks nicht zufriedengestellt wird, versucht man halt einen anderen Suchbegriff.«

Bei ihnen verändert sich alles schneller als je zuvor. Ein Smartphone ist in dem Moment veraltet, in dem es auf den Markt kommt. Der Produktumschlag in der IT-Welt wird nicht mehr nach Jahren, sondern in vielen Fällen nach Monaten gemessen. Verharren bedeutet Rückschritt. Beweglichkeit ist alles. Die alten Zäune, die früher Lebensbereiche voneinander trennten, werden eingerissen. Tür zu und Feierabend? Das war einmal. Koffer packen und ab in den Urlaub? Facebook ist überall.

Die Prioritäten der Vergangenheit verlieren ihren Wert. Eines Tages Chef zu sein gehört nicht mehr zu den erstrebenswerten Zielen. Der klassische hierarchische Aufstieg in den Unternehmen übt keinen Reiz mehr aus. Die Vielfalt nimmt unserer Nachkommenschaft die simple Möglichkeit des Hineinwachsens, wie wir sie noch hatten: erst auflehnen und dann einordnen. Und immer wieder wird dasselbe Entscheidungsmuster der Generation Y deutlich. Sie hat für sich eine eigene Lösung gefunden und die lautet: Wir müssen nicht mitmachen und wenn ja, dann nur zu unseren Bedingungen.

Eine ich-bezogene Luxusbrut?

>»Sie wollen in ihrem Leben die Balance
zwischen Konsum, Freizeit, Einkommen und
Arbeit so tarieren, dass sie mit einem dauernden
Wohlgefühl durch diese Sphären schweben.«<

Ein Arzt im Deutschen Ärzteblatt
über seine jungen Kollegen

Wir kennen die Arbeitswelt der Mediziner im staatlich gelenkten Gesundheitswesen als ordentlich strukturiertes, hierarchisches System. Ein Heer von Oberärzten kennt nur einen Antrieb: dem Chefarzt zu gefallen, vielleicht auch dessen Ehefrau und den Freunden im Rotary Club, um eines Tages selbst einen der raren Chefposten zu ergattern. Denn Chefarzt zu sein bedeutet in Weiß gekleidete Gottesähnlichkeit, Allmacht zu haben über den medizinischen Nachwuchs, der bereit ist, für die Karriere fast alles zu tun. So oder so ähnlich war das einmal.

Doch die Generation Y erschüttert selbst das Kastensystem der Mediziner. Die *FAZ*-Journalistin Christina Hucklenbroich hat Götter in Weiß beobachtet, die inzwischen grau geworden sind und von ungeheuerlichen Vorgängen in ihrer Zunft berichten. Etwa auf dem Hamburger Kongress der deutschen Kinderärzte im Herbst 2012. Da betritt ein gestandener Klinikdirektor, so um die sechzig, das Rednerpult und warnt vor dem Jahr 2020. Dann würden nämlich in der Pädiatrie »neunzig Prozent Frauen arbeiten«. Das bedeute, dass es dann vorbei sei mit Ruhe und Ordnung in der Klinik. Denn es sei nicht nur mit einer starken Zunahme der Teilzeit zu rechnen, sondern mit insgesamt unübersichtlichen Verhältnissen. Denn, so der alte Herr irritiert: »Die jungen Kollegen erwarten ja ein Rundum-sorglos-Paket.« Da müsse man sich dann mit Kinderbetreuung und allen möglichen Arbeitszeitmodellen herumschlagen. Und selbst das garantiere dann nicht mehr, den Nachwuchs an das eigene Haus zu binden, führt der nachfolgende Kongressredner aus. Die junge Generation habe nämlich »nicht mehr die Erwartung, fünfzehn Jahre an einem Arbeitsplatz zu bleiben«.

Umfragen untermauern diese für die Ahnen im Medizinbetrieb ungeheuerlichen Entwicklungen. Der Hartmannbund, der Berufsverband der Ärzte Deutschlands, befragte Assistenzärzte aus der Generation Y nach ihren Zukunftsplänen. Nach der Familiengründung wollen demnach achtzig Prozent der Frauen und immerhin noch die Hälfte der Männer in Teilzeit arbeiten. Der medizinische Geschäftsführer der Kliniken der Stadt Köln hat sich besonders intensiv mit den hohen persönlichen Ansprüchen der 25- bis 30-jährigen Nachwuchskollegen befasst. Ziemlich fassungslos berichtet Christian Schmidt, der eine Studie über seine Generationenrecherchen veröffentlicht hat, über die neue Spezies junger Mediziner.

Nachdem er in einer Klinik hospitiert hatte, ging es für den angehenden Arzt um die Besetzung einer Stelle. Also sprach der Y-Mediziner zum X-Professor: »Herr Professor, die Hospitation in ihrer Klinik war klasse. Sie kommen in die engere Wahl.« Schmidt weiß auch von einem Mitarbeiter der Generation Y zu berichten, dem eine besondere Auszeichnung zuteilwurde. Der fähige Nachwuchs durfte auf Kosten der Klinik an einem Kongress in den USA teilnehmen. »Als er nach den drei Tagen zurückkam«, wird Schmidt in der *FAZ* zitiert, »stellte er als Erstes 72 Überstunden in Rechnung«.

Entgeistert kommentierte ein älterer Kollege danach im *Deutschen Ärzteblatt* ein solches Verhalten. Die Generation Y sei offenbar der Meinung, dass nicht der Mensch sich nach dem Beruf, sondern der Beruf und das Unternehmen sich nach dem einzelnen Menschen zu richten habe. Und nicht wenige der Ahnen, die sich nach altem Muster auf der Leiter zum Glück abgemüht haben, bekommen mit dieser Art der egoistischen Suche nach Glück ihre ethischen Bedenken. Haben sie nicht irgendwann einmal gelernt, dass eine Handlung nur dann von höchstem Wert sei, wenn sie das größte Glück der größten Zahl hervorruft? Und wenn die Gesellschaft dich studieren lässt und dir alle Fazilitäten eines modernen sozialen Staatswesens zur Verfügung stellt, bist du dann nicht dieser Gesellschaft auch etwas schuldig? Da kannst du doch nicht als Erstes in Teilzeit gehen!

Das sind die typischen Gedanken von uns Uralten, die keine Ahnung mehr davon haben, was sich in der neuen IT-Welt entwickelt, antworten die Ypsilons. Sie lassen sich nicht in eine Schublade stecken mit Steuerhinterziehern, die zwar alle Vorteile eines wohlorganisierten Staatswesens in Anspruch nehmen, aber sich möglichst nicht an den Kosten beteiligen möchten. Sie arbeiten an und vielleicht bald auch in einer eigenen Welt, in der sich ihr individuelles Glück optimieren lässt. Um 16 Uhr ins Fitnessstudio und dann noch mal kurz zu Hause die E-Mails checken, Elternzeit, Auszeit, Weiterbildung – das alles wird als selbstverständlich vorausgesetzt.

Also doch eine ich-bezogene Luxusbrut?

Die Summe ihrer Ansprüche entkräftet ein solch harsches Urteil nicht unbedingt. Ihr »why?«, die Frage nach dem Warum, revolutioniert alles, was bisher in einer geregelten Arbeitswelt als gültig galt: Warum soll ich bis 18 Uhr im Büro bleiben, wenn nichts mehr zu tun ist? Warum kann ich nicht von zu Hause aus meine Aufgaben in meinem Rhythmus erledigen? Warum bekomme ich nicht mehr als zwei Monate in Elternzeit? Warum darf ich tagsüber keine privaten E-Mails schreiben, wenn ich doch am Samstag auch die beruflichen beantworte?

»Ich hab in meinem Bewerbungsgespräch auch gleich nach einem Sabbatical gefragt«, erklärt mir eine gerade fertigstudierte Juristin mit Zweierexamen. Sie wundert sich, dass ich mich über so etwas wundere.

»Hätte ich mich nie getraut«, gebe ich zu. Heute überlegen die Berufseinsteiger schon beim ersten Job: Passt der in mein langfristiges Lebenskonzept? Was sagt mein Partner? Ist noch Zeit für Sport und Partys, für eventuell zu erwartende Kinder, für mich? Wenn zu viel auf der Strecke zu bleiben droht, dann hört der Chef, der hören kann, ein leises, als »Danke, nein« verkleidetes »Fuck you«.

Business-Trainerin Martina Weinberger coacht seit Jahren diese jungen Menschen und weiß aus Erfahrung: »Das lernen die auch in der Uni. In München gibt es einen Wirtschaftsprofessor, der bringt denen zum Beispiel bei: Wer nicht ›Fuck you‹ sagen könne, der sollte es gar nicht erst mit einer Karriere probieren.«

Die Generation Y interpretiert das in ihrem Sinne. Wenn es nicht passt, dann ziehen weder Top-Salär noch das Auslandsjahr in New

York City. Ein glücksoptimiertes, austariertes Leben muss möglich sein. Sonst läuft nichts.

»Die spinnen«, klagt der Personalchef einer großen Wirtschaftsprüfergesellschaft in der *FAZ*. Und erzählt, was alle erzählen: Die Jungs und Mädels, die da momentan in die Wirtschaft drängen, setzen den Unternehmen arg zu. Christoph Fellinger bloggt oder twittert beinahe täglich darüber. Der Beiersdorf-Manager, selbst Jahrgang 1969, versucht für den Nivea-Konzern herauszufinden, wie die Generation tickt. »Wer das nicht schafft, hat in spätestens drei Jahren einen echten Wettbewerbsnachteil«, prophezeite er 2012. Deshalb müssen die Konzerne umdenken und sich auf die Jungen einstellen. »Das ist ein Muss.«

Sei es die Erfindung des Rades, des Buchdrucks oder der Dampfmaschine – technischer Fortschritt hat die Art zu leben und zu arbeiten schon immer radikal verändert. Digital schlägt analog, Generation Y schlägt Generation X. Dem kann niemand ausweichen. Man sollte die Radikalität als Chance begreifen, die Arbeitswelt rechtzeitig und möglichst ohne schmerzliche Brüche der neuen Welt der Ypsilons anzunähern. Wie verändert die mobile Kommunikation die Unternehmenskultur? Werden wir in zehn Jahren überhaupt noch Büros haben? Werden die heute allgegenwärtigen Horden blassgrauer Männer in schlecht sitzenden Anzügen, die morgens gegen 6.30 Uhr in den Wartehallen der Flughäfen auf ihre mobilen Kommunikationsgeräte stieren, irgendwann zu Hause im Bett ihre Frau bitten, das Firmen-Update zu aktivieren? Eigentlich hätten wir Ahnen ein Stück der Zukunft schon längst von unseren Kindern und Enkeln lernen können. Mit stetem Online-Sein macht uns unsere Jugend täglich vor, dass man die Welt nicht mehr unbedingt frühmorgens mit dem ersten Flieger erobern muss.

Noch sitzen wir, die Vertreter der Generation X und der Babyboomer, in den Chefsesseln. Noch meinen wir bestimmen zu können, unter welchen Bedingungen Wirtschaft und Politik ablaufen. Noch sind unsere alten Regeln in Kraft, nach denen der Stellenwert des Einzelnen von außen gemessen wird. Lob, soziales Ansehen und mehr Geld gibt es nur für den, der sich in den vorgegebenen Rollen und Mustern erfolgreich bewegt. Jeder Tätigkeit ist ein fest umrissener Verhaltenskanon zugeordnet. Das Schema des Systems bestimmt über Glück und Zufriedenheit des Einzelnen. Noch versuchen wir, dieses Schema gegen die Nachkommenden zu verteidigen.

Das war schließlich schon immer so. Diese Konstellation der Wachablösung ist nicht neu. Doch dieses Mal ist die nachfolgende Generation besonders mächtig und die Ablösung folgt neuen Regeln. Der Junge löst nicht deshalb den Alten ab, weil er im vorgegebenen Schema besser funktioniert. Der Junge entzieht sich dem althergebrachten Schema – und lässt den Alten einfach ins Leere laufen.

Weitere Beispiele gefällig? Ein Münchner Freund, der ungenannt bleiben will (um dann doch eventuelle spätere Karrieresprünge nicht zu hindern), arbeitet bei einem bayrischen Energiekonzern. Als er – einer ihrer besten Controller – eine Beförderung mit tollem Gehalt angeboten bekam, sagte er, ohne zu zögern: »Nein.« Denn für den neuen Job hätte er sein geliebtes München verlassen müssen. Er liebe Skifahren und brauche nun mal die Berge, ließ er die Chefs wissen. Sein positives Münchner Lebensgefühl könne nicht mit Karriere und Geld kompensiert werden. Und schlug dann etwas vor, was seinen Chefs schlaflose Nächte bereitete: Man könne ja über die Einrichtung eines Home-Office für ihn nachdenken. Sie denken übrigens immer noch nach.

Oder: In der Kölner Südstadt wohnt man gern. Viel Grün, schöne Häuser, der Rhein und ein Sortiment angesagter Restaurants gleich um die Ecke. Warum sie denn ausgerechnet mit ihrem mit wenig Kapital neu gegründeten Start-up in diese teure Gegend ziehe, wollte ich von einer jungen Unternehmerin, die bei mir einst als Praktikantin arbeitete, wissen. Sie habe eine preiswertere Gegend versucht, antwortete sie. Aber die guten jungen Leute hätten sich geweigert, dort ihre Arbeitszeit zu verbringen und im tristen Grau eines Gewerbegebiets dahinzuwelken. »Die wollen nicht nur arbeiten, die wollen kurz mal shoppen gehen, in ihrer Mittagspause ein nettes Café in der Nähe besuchen und den Kindergarten um die Ecke haben.« Und nicht zu vergessen: Behaglich muss das Büro sein, wie eine Studie von Johnson Controls über die Ausstattungswünsche der Ypsilons ergab; gern groß, gern Naturholz, und künstliches Licht geht gar nicht.

Also doch! Was für Diven, denke ich bei solchen Berichten. Kurzfristig bilde ich mir dann ein, ich wäre als junger Mensch für einen guten Job auf den Mond geflogen. Aber wenn ich ganz ehrlich bin: Mein Arbeitsplatz in meinem ersten Job für das damals in Deutschland neue Privatfernsehen war in einem Bonner Hinterhof, Aufbruch und Abenteuer. Das hatte was von Garage im Napa Valley und Broadway in New York. Das fand ich damals großartig. Mein zweiter Schreibtisch stand im damals durchaus stylischen RTL-Fernsehstudio in Bonn. Irgendwie musste also auch schon bei mir der Arbeitsplatz passen. Würde man mich heute in ein schmuddeliges Gewerbegebiet verpflanzen wollen, in dem das einzig Essbare im Büdchen an der Trambahn-Haltestelle zu kaufen ist (im Rheinland wahrscheinlich Currywurst »rot-weiß«), dann würde ich den Job auch nur in einer Notlage annehmen.

Aber da liegt, glaube ich, der Unterschied. Die Generation Y ist gar nicht mehr bereit, irgendwelche Kompromisse einzugehen. Eine Studie der Personalberatung Kienbaum hat ergeben, dass für einundsiebzig Prozent der Befragten Familie und Freunde Priorität besitzen. Karriere, Geld und öffentliche Anerkennung landen auf den hinteren Plätzen. »Job über alles« gilt nicht mehr. Nur knapp ein Drittel glaubt, dass höheres Gehalt und ein Plus an Verantwortung den Verlust an Privatem ausgleichen können. Nur ein Prozent nannten viel Geld verdienen als oberstes Ziel. Der Job stimmt, wenn er gute Entwicklungschancen verspricht und trotzdem nicht zu große Einbußen der privaten Lebensplanung erfordert. Für über die Hälfte der Befragten sind ein ausgeglichenes Verhältnis von Arbeit und Privatleben sowie nette Kollegen entscheidend.

Es sei halt ein »Trade-off zwischen Aufgaben, Arbeitsteam, Aufstiegschancen und Freizeit«, so erklärt mir die 24-jährige BWL-Studentin Jenny Brummer. Karriere sei schon okay, aber sicher nicht um jeden Preis und auch nicht für jeden Preis. Ich fragte andere an verschiedenen Orten und stieß immer wieder auf dieselbe Einstellung. Wie meine Mitschreiber sind sich alle einig: Karriere, Geld und Ansehen, das ist nicht alles.

Anja

»Ich gehe sogar so weit, dass ich auch gar keine Arbeit machen würde, die mir (auf Dauer) keinen Spaß macht. Extrem wichtig finde ich z. B. auch, dass ich mein Privatleben so leben und gestalten kann, wie ich es möchte, und mein Arbeitgeber das akzeptiert. Das heißt nicht, dass man private Dinge nicht mal hintanstellt, aber grundsätzlich ist mir ein gesundes Privatleben sehr wichtig.«

Andreas

»Bisher habe ich mich da einfach etwas treiben lassen. ›Go with the flow‹, würde der Neuseeländer sagen. Also mal schauen, was kommt, dann zugreifen oder es eben sein lassen, je nachdem, was sich dann richtig anfühlt. Klar ist Geld nicht unwichtig, aber es gibt definitiv wichtigere Dinge im Leben. Und beim Ansehen kommt es darauf an, von wem man wie betrachtet werden will. Was Erna in Wuppertal über mich denkt, ist mir egal, was meine Mutter und Freunde von mir denken, natürlich nicht. Aber da geht es nicht darum, das größte Auto zu fahren und Vorstand bei Siemens zu sein und so ein ›Boah, ist der aber reich und erfolgreich‹ hervorzurufen, sondern als Mensch geschätzt zu werden.«

Henning

»Ob ich Karriere machen will und mir Geld wichtig ist? Nein, nur ein bisschen.«

Natürlich sind das Luxusprobleme. Aber hier wird die Welt jener Schicht der Generation Y beschrieben, die jetzt nach und nach in Führungspositionen hineinwachsen soll, von der erwartet wird, dass sie mit Kreativität und Fleiß nicht nur sich, sondern auch Staat und Gesellschaft voranbringen. Da irritiert es, wenn diese jungen Menschen schon mit Anfang zwanzig über das Austarieren ihres Glücks nachdenken und sich einen Plan für ihre ganz persönliche Work-Life-Balance für den Rest ihres Lebens bereitlegen.

Die Ansprüche der Y-Jugend sind gestiegen. Aber haben ihre Fähigkeiten damit Schritt gehalten? Gemeinsam mit der Personalberatung Odgers Berndtson hat das *Manager Magazin* die Personalchefs der 500 größten Unternehmen in Deutschland gebeten, die Leistungsfähigkeit der Generation Y mit der der vorangegangenen Generation X zu vergleichen.

Die Ergebnisse seien empfindliche Dämpfer für die selbstbewussten Ypsiloner. Zwar lobten die Human-Resources-Experten deren bessere Fremdsprachen- und Internetkenntnisse. Doch in puncto Fachwissen, Führungswillen, Ehrgeiz oder Eigeninitiative schnitten die »Digital Natives« deutlich schlechter ab. An bewundernde Bestätigung ihrer Eltern gewöhnt mag die Generation Y auch im Job gern betütelt werden. Einen Tag nach dem Dreikönigstag fand 2013 das *Manager Magazin Online* denn auch, diese »Jungmanager« seien die neue »Kuschel-Kohorte«. »Anleitung und Rückmeldung« sei für diese Nachwuchsmanager »essenziell«, so erklärt in dem Artikel Sascha Armutat, der bei der Deutschen Gesellschaft für Personalführung über die »Millennials« forscht.

Das kann ich aus eigener Erfahrung bestätigen. Ein Satz aus der Zeit meiner Jugend in den achtziger Jahren hat sich mir besonders eingeprägt. Wenn die Psyche wieder einmal Salto zu schlagen drohte und die geplagte Seele weder ein noch aus wusste, dann kam mit Sicherheit die erlösende Formel: »Du«, denn natürlich duzten sich alle, also »du, wir müssen reden«. An diesen Satz musste ich denken und ein Glucksen unterdrücken, als sich jüngst ein Neuzugang unseres Unternehmens bei mir vorstellte.

Der junge Mann, Typ »Mamas liebster Schwiegersohn«, erklärte mir als Erstes, wie er sich eine gedeihliche Zusammenarbeit zwischen uns vorstellte. Am wichtigsten sei ihm, hob der Bub an, dass er Verantwortung übertragen bekomme. Aber genauso wichtig sei ihm, und dabei sah er mich mit einem »Wir müssen reden«-Blick aus den achtziger Jahren an, »dass ich jemanden habe, den ich fragen kann und der mir regelmäßig ein Feedback gibt«. Verantwortung tragen ja, aber nicht ohne meine Mama, dachte ich und sagte ihm – leicht zögerlich – jede Hilfe zu.

Nur noch rund fünfzig Prozent der Arbeitnehmer der Generation Y streben eine Managementposition mit Verantwortung an. Eine Generation zuvor waren es noch achtzig Prozent. »Führungskräfte von heute suchen den Erfolg, kennen aber auch den Preis: hoher Leistungsdruck und wenig Zeit fürs Privatleben«, zitiert das *Manager Magazin* in einem Report den ULA-Hauptgeschäftsführer Ludger Ramme. »Der Verzicht auf einen weiteren Karrieresprung und die Konzentration auf gute fachliche Arbeit sind ein naheliegender Weg, die Belastung wenigstens konstant zu halten.« So gibt ein Viertel der Befragten an, schon einmal eine Führungsposition abgelehnt zu haben, die mit mehr Führungsverantwortung verbunden war.

Ich begab mich auf die Suche nach echten Karrieristen. Die muss es doch noch geben. Beim Arztbesuch fiel mir die Spartenzeitschrift *Juve Rechtsmarkt* in die Hände, ein Heft, das mich normalerweise nicht neugierig macht. Da ich alternativ aber nur etwas über sinnvolle IGeL-Behandlungen beim Arzt, eine neue Kartof-feldiät (»fünf Kilo in zehn Tagen«) oder den aktuellen Trend bei Gartenmöbeln hätte lernen können, entschied ich mich für das Juristenblatt mit dem Titel »40 unter 40: diesen Juristen gehört die Zukunft«. Das Blatt hatte offenbar die aufstrebenden Jung-stars, die junge Elite der Branche gesammelt, jene, »die man ken-nen muss«. Und mir fiel ein Stein vom Herzen.

Jedenfalls bei den Juristen, dachte ich, gibt es sie noch, die Streber mit Schlips und ordentlicher Frisur, die schon während des Studiums wie geklonte jüngere Ausgaben der erfolgreichen Senioren im Anwaltsgewerbe aussehen. Es gibt sie noch, die ohne Rücksicht auf sich und die engsten Verwandten knallhart loszie-hen, um in die Chefetagen aufzusteigen. Dachte ich.

Dann schlug ich das Heft auf und wurde enttäuscht. Nicht ei-ner von den jungen Nachwuchsjuristen, die man kennen muss, entsprach meinem Vorurteil vom geschniegelten Alleswisser, wie ich sie aus meiner Studentenzeit in Erinnerung habe. Der Einheits-look früherer Jahre war schon deshalb dahin, weil viele Frauen in die Button-down-Phalanx der Juristen eingebrochen sind. Noch erstaunlicher aber waren die Geschichten, die über den Werdegang der Juristenstars von morgen erzählt wurden.

Da lernte ich, dass Dr. Katja Kaulamo von Skadden Arps Slate Meagher & Flom, spezialisiert auf Kapitalmarktrecht, sich eigent-lich schon zu Beginn ihres Studiums selbst erledigt hatte. So jeden-falls dachten damals ihre Kommilitonen auf der Erstsemesterpar-ty. Sie hatte eine BGB-Koryphäe einfach stehen lassen. Besagter Othmar Jauernig hatte sie gefragt, ob es für sie als Frau, noch dazu ohne perfektes Deutsch, wirklich vernünftig sei, das harte Jurastudium durchzustehen. Statt zu antworten, bemerkte die aus Finnland stammende Studentin der Rechtswissenschaften nur spitz: »Ich hoffe, dass dies die einzige Begegnung dieser Art bleibt.«

Als »gelassen und trotzdem erfolgreich« stellt sich Dr. Julia Schönbohm, 39, vor. Sie zählt sich zu einer Generation von optimistischen Frauen, die es nicht drängt, der Masse zu folgen. Statt bei einer renommierten Kanzlei anzuheuern, sucht sie ungewöhnliche Betätigungsfelder und genießt zum Beispiel die Arbeit mit Erfindern. Mit Erfindern? Und damit kann man heute zu den renommiertesten Nachwuchsanwälten der Republik zählen?

Oder Stefan Maunz, 38. Der erfindet das Geschäft mit der Juristerei gleich ganz neu. Er sieht aus wie Günther Jauch vor zehn Jahren und hat die erste »Umsatzsteuer-Boutique Deutschlands« eröffnet. Stefan Maunz' einzige Arbeitsvorgabe: »Wenn man fertig ist, räumt man auf.«

Ein aufgeräumter Zeitgeist ohne die gängigen Karriereträume? Und das bei den einstmals besonders geschniegelten und ehrgeizigen Anwälten? Offenbar findet das neue Lebensgefühl der Generation Y auch in älteren Jahrgängen und alten Eliten Anhänger.

Auch wenn es Rückfälle gibt. Vor langer Zeit hat der alte Robert Bosch entschieden, dass es in seinem Unternehmen mit dem »Herr Doktor hier und Herr Doktor da« ein Ende haben sollte. Man sei ja schließlich kein Krankenhaus, soll der eigenwillige Firmengründer damals geknurrt haben. Daran haben sich die Boschleute lange gehalten. Um genau zu sein: 127 Jahre. Eine Direktive der Geschäftsführer – sechs von zehn sind promoviert – hat erst jetzt dafür gesorgt, dass seit dem 1. Juli 2013 auch bei Bosch der akademische Grad wieder öffentlich seinen Träger ziert.

Im Trend liegt Bosch damit allerdings nicht. »Wir erleben derzeit, dass die Krawatte ausstirbt, dass Hierarchien abgeschafft werden, dass Unternehmen auf Vornamenbasis kommunizieren – und akademische Grade seltener eine Rolle spielen«, zitiert die *Süddeutsche Zeitung* Florian Koenen, Geschäftsführer der Topos Personalberatung und Sprecher des Verbandes Deutscher Unternehmensberater. Schon seit Jahren habe er keinen Headhunting-Auftrag mehr mit der Maßgabe bekommen, der Kandidat müsse promoviert sein. Kriterien wie soziale Kompetenz seien inzwischen bedeutsamer als der Nachweis, wissenschaftlich arbeiten zu können. Aber seit Karl-Theodor zu Guttenberg ist ja selbst darauf kein Verlass mehr.

So beobachten wir Alten staunend, wie sich unsere sorgsam eingerichteten Lebensräume unter unseren Augen und ohne unser Zutun verändern. Wenig steht noch an seinem Platz. Und irgendwann wird auch die letzte, einst mühsam abgebeizte und weiß gestrichene Kommode von Oma Trude dem Neuen weichen müssen. Dabei ist das »Fuck you«, mit dem unsere Welt umgekrempelt wird, durchaus nicht böse gemeint. Es ist nicht mehr der alte Gossenjargon der Bronx. Das »Fuck you« der Generation Y ist keine aggressive Beleidigung. Es drückt vor allem nur das eine aus: Ich pfeife auf deine Regeln und Werte.

Das hat Folgen für jeden. Die hohe Geschwindigkeit, mit der die neue IT-Welt in alle Lebensbereiche eindringt, erzeugt einen Veränderungsdruck, dem sich nichts und niemand gänzlich entziehen kann. Eine Welle der Gleichmacherei droht die Menschen zu überrollen. Egal ob jung oder älter, Chinese oder Brasilianer, Frau oder Mann – jeder wird mit neuen Regeln konfrontiert, die mehr und mehr im World Wide Web vorgegeben werden.

Ja und da kann es gar nicht ausbleiben, dass auch mein bisher liebstes Kampfthema – die Gleichberechtigung und Gleichstellung von Frau und Mann – sich ändert. Es fällt mir schwer, mich daran zu gewöhnen.

»Wissen Sie, ich bin jung und kein Gegenstand von Apartheitspolitik.«

»Die Henne weiß auch, dass morgens
die Sonne aufgeht. Aber deshalb
muss sie ja nicht gleich krähen.«

CSU-Frau Ilse Aigner auf die Frage,
wie »eitle männliche Konkurrenz« empfindet.

Dass die Jugend uns Ahnen den Stinkefinger zeigt, das lässt sich ja noch so gerade verkraften. Aber dass nun auch die eigene Mannschaft von Bord geht, das gefährdet die Navigation des ganzen Schiffes. Das könnte der Anfang vom Ende des Kampfes um die Gleichberechtigung sein. Jedenfalls jenes Kampfes, wie er bisher auch von mir geführt worden ist.

Vor einiger Zeit entdeckte die *New York Times* ein neues Phänomen weiblicher Eliten. Der Artikel mit der Überschrift »The Opt-out Revolution« sorgte auch hierzulande schnell für heftige Diskussionen. Er erzählt von dem Sinneswandel bestausgebildeter Frauen, die freiwillig in ihrem Job aufhören, auf die Fortsetzung ihrer Karriere pfeifen, um sich der Familie und ihren Kindern zu widmen. »Sie werden von den Top-Unternehmen des Landes rekrutiert, starten ihre Turbo-Karriere und hören plötzlich einfach auf«, staunte die Autorin. *FAZ*-Redakteurin Inge Kloepfer griff 2012 die Geschichte auf und wunderte sich auch: Man habe doch gerade von diesen Frauen erwartet, dass sie vorgehabt hätten, in die Führungseliten aufzusteigen, um dort den Mangel an weiblicher Präsenz abzubauen. Und nun zögen sie die Familien-Option »Privates« vor?

Nicht nur in Amerika. Ähnliches findet längst auch in Deutschland statt. Inge Kloepfer stellt fest, was in den Köpfen dieser Frauen vorgehe, sei sehr ähnlich. Nach Jahren der Berufstätigkeit begännen sie, Bilanz zu ziehen, an deren Anfang immer wieder dieselben Fragen stehen: Wie viel Fremdbestimmung will ich für mich persönlich tolerieren?

Mich interessierte das sehr, und ich entdeckte verblüfft eine latente »Opt-out – Tschüss, ich gehe«-Bewegung. Eine ganz ruhige Bewegung, deren Existenz Betriebsräte in großen Unternehmen mir gegenüber zwar zugeben, aber über die ungern geredet wird. Man wird es tun müssen. Denn in Konzernen, Anwaltskanzleien und Unternehmensberatungen drehen sich hochqualifizierte Frauen um und gehen. Nicht öffentlichkeitswirksam, nicht im Streit – einfach so. Dabei waren sie dem obersten Ziel der Karriere doch schon so nahe. Dafür wurde schließlich gekämpft in der Emanzipationsbewegung. War nicht genau dies unser Votum? Wir Frauen können alles, was Männer können – und noch einiges mehr. Die Männer müssen uns nur lassen. Und da sie das seit Adam und Eva nicht getan haben, müssen wir sie dazu zwingen. Frau wollte und musste beweisen, dass sie sich selbst in einer von Männern für Männer gebauten Welt behaupten kann. Einige biologische Ungleichheiten ließen sich nicht verheimlichen. Kinderkriegen und so. Aber sonst?

Noch nie in der Geschichte der Frauenbewegung waren die Voraussetzungen, auch den letzten Beweis für die Leistungsgleichheit von Mann und Frau zu erbringen, besser als heute. In den Gymnasien hängen die Mädchen die Jungen ab. In den Hochschulen studieren die Frauen erfolgreicher als die Männer. Selbst im Großhirn hat die Aufholjagd des weiblichen Geschlechts, wie Hirnforscher wissenschaftlich belastbar gezeigt haben, inzwischen ihre Spuren hinterlassen.

Zu meiner Zeit als Jungredakteurin war das alles noch ganz einfach. Das Feindbild war klar, und wer uns mit allen Mitteln bremste auch. So war es ja auch tatsächlich. Aber irgendwann bekämpften wir die Männer und ihre maskulinen Positionen so heftig, dass das Ganze zu kippen drohte. Wir suhlten uns in dem Vorwurf, die Männer seien an allem schuld. Sogar an selbst verschuldetem Versagen. Die Männer wiederum konnten sich bequem zurücklehnen und darauf verweisen, dass nun einmal in einer freien Marktwirtschaft Leistung und Durchsetzungsvermögen ausschlaggebend dafür seien, wer die Spitzenposten besetzt. Und dann begannen viele von uns, zu resignieren und sich zu verhalten wie die Fische im Glass-ceiling-Experiment der Verhaltensforscher.

Den Versuch kann jeder, der ein Aquarium hat, in seinem Wohnzimmer nachmachen. Man lege eine Glasscheibe auf ein Aquarium und streue Futter darauf. Die hungrigen Fische sehen das Futter, steigen nach oben und wollen danach schnappen. Nachdem sie sich einige Male das Maul am Glas gestoßen haben, reagieren sie schließlich nicht mehr auf oben schwimmendes Futter. Auch wenn die Glasscheibe entfernt und das Futter leicht erreichbar direkt auf der Wasseroberfläche verteilt wird, ändert sich das Verhalten der Fische nicht. Sie versuchen gar nicht mehr, an das über ihnen schwimmende Futter heranzukommen. Sie haben gelernt: Oben stößt man sich das Maul, und Futter gibt es auch nicht. Zu viele Frauen hatten im Laufe der Zeit erlebt, dass sie sich mit ihren Anstrengungen, in einer von Männern regierten Welt an die fetten Futterbrocken zu gelangen, auch nur blutige Nasen holten. Die Fische hatten das Maul, die Frauen die Schnauze voll.

Jetzt paddeln Frauen plötzlich nicht mehr gegen den Glasboden. Sie nehmen ihre Brut, die Generation Y an die Hand – wenn ich im Bild bleiben will, müsste ich »an die Flosse sagen« – und schwimmen einfach weg. Mitten aus dem Leben in der Männerwelt heraus entscheiden sie sich von heute auf morgen für ein ganz anderes Wertesystem.

Sie entledigen sich der Tarnkappe, die sie sich zu Beginn ihrer beruflichen Laufbahn übergestülpt haben. Denn bis vor kurzem galt: Will frau in männerbestimmter Welt an die Spitze, dann muss sie sich in diese Welt einfügen. Also verplemperte sie ihre Zeit in den Hotelbars dieser Welt und lachte über zotige Witze. Kurz: Sie imitierte das soziale Geschlecht des Mannes. Und immer umsonst. Denn mitpissen wird sie nie können – das lernen wir schließlich spätestens mit acht, wenn wir trotz aller talentierter Beckenverrenkungen beim Weitpinkeln verlieren lernen müssen. Das weibliche Ich wurde immer und immer wieder auf dem Altar der Männerkarriere geopfert. Reden wie ein Mann, denken wie einer, sich mit männlichen Tugenden unter Männern behaupten, männliche Werte anstreben – das wurde erwartet. Und etliche meiner Altersgenossinnen, die sich auf diesen Weg machten, mussten auch noch leidvoll erfahren, dass sie sogar besser sein mussten, mehr leisten mussten als ihre Konkurrenten mit dem angewachsenen Penis.

Und was passiert jetzt? Neue Frauen füllen den Begriff »Emanzipation« mit neuem Inhalt. Sie lassen sich nicht mehr, ähnlich wie unsere selbstherrlichen Jungspunde aus der Generation Y, von außen diktieren, nach welchen Etiketten sie zu fühlen und zu handeln haben. Und eigentlich empört es mich. Im ersten Moment zumindest.

Klar habe ich mich gefragt: Warum seilen sich die Frauen, die eigentlich die Kondition auch für das letzte, steile Teilstück vor dem Gipfel hätten, plötzlich ab? Wollen die sich etwa gar nicht in das Gipfelbuch eintragen? Wird ihnen dort, wo selbst Karrierekerle nur mühsam ihre Atemnot verbergen, die Luft einfach zu dünn? Sind diesen Frauen Karriere und Spitzenjob unter heutigen Bedingungen die Anstrengung nicht mehr wert? Immer mehr Frauen beantworten diese Frage für sich mit Nein. Und es ist nicht auszuschließen, dass aus den »immer mehr« viele werden; dass sich tatsächlich so etwas wie eine Opt-out-Revolution anbahnt.

Ist es politisch korrekt, wenn ich diese neue Frauenbewegung ernst nehme und unter Emanzipation nicht mehr die Eroberung der Vorstandsetagen verstehe?

Wenn tatsächlich immer weniger Frauen bereit sind, Spitzenpositionen zu erobern, dann sollten wir nicht nur fragen, was die
Frauen falsch machen, ob es ihnen an Ehrgeiz fehlt, ob es vielleicht
ein genetisches Überbleibsel aus der Steinzeit sein könnte oder an
den Hirnströmen liegt, weil die bei Frauen in eine andere Richtung
fließen. Und wir sollten auch nicht versuchen, dieses Defizit – wenn
es denn eines ist – dadurch auszumerzen, dass wir Frauen in Kurse
schicken, in denen sie lernen, die Ellenbogen auszufahren und sich
in der Kunst der männlichen Selbstdarstellung zu üben. Wir sollten vielmehr auch einmal die andere Seite der Medaille betrachten. Ist vielleicht etwas mit der Art unseres Wirtschaftens nicht in
Ordnung? Könnte das der Grund sein, warum viele Frauen einen
Aufstieg in dieser Welt unattraktiv finden? Ich bin jedenfalls inzwischen zu der Überzeugung gekommen, dass in den Organisationen und Institutionen, in denen Frauenmangel herrscht und in
denen besonders eifrig versucht wird, die Frauenquote mit Frauen-
förderprogrammen künstlich aufzupeppen, selbst etwas faul ist.

Darauf deutet jedenfalls die Unsicherheit, ja Verwirrung hin, die
selbst in Weltunternehmen im Umgang mit diesem Thema herrscht.
»Ich weiß nur noch, dass ich nicht mehr weiß, wohin die Reise
geht«, erklärte mir der Betriebsratsvorsitzende eines Konzerns ziemlich genervt. Der 38-jährige Vertreter der Generation X hat sich in
seiner Gewerkschaft auf die Frauenförderung in der Wirtschaft
spezialisiert. Er hat Fortbildungskurse angeboten, in denen junge
Frauen lernen, wie sie in ihren Unternehmen schneller vorankommen, im Idealfall so schnell wie die Männer.

Am Anfang sei das auch ganz gut gelaufen, erinnert sich der
Gewerkschafter. Aber neuerdings kämen immer mehr weibliche
Nachwuchskräfte zu ihm und erklärten, dass sein Förderansatz
nicht mehr stimme. Sie fühlten sich nicht mehr dem »Gedöns«
zugehörig, wie Ex-Bundeskanzler Gerhard Schröder die Zustän-
digkeitsbereiche seines Frauenministeriums für »Behinderte Ar-
beitslose, Frauen und andere Randgruppen« genannt hatte. Und

deshalb habe sich für sie der politische Eiertanz um Frauenförderung und Frauenquote erledigt. Eine junge Frau habe ihm jüngst unmissverständlich erklärt: »Wissen Sie, ich bin jung und kein Gegenstand von Apartheitspolitik.«

Das alles raubte meinem Betriebsratsvorsitzenden schier die Fassung. Er wollte doch nur das Beste für die Frauen. Und die sagen dann plötzlich, dass sie nicht mehr wollen, dass sie das Gequatsche um Halbe-Halbe nicht mehr hören können. Und eine hat sogar zu ihm gesagt: »Wir nehmen uns nicht die Hälfte des Himmels. Wir nehmen uns alles oder nix!«

Immer mehr Frauen entwachsen diesem jahrzehntealten Hickhack. In der von der Robert-Bosch-Stiftung ins Leben gerufenen Datenbank »AcademiaNet – die Datenbank für weibliche Exzellenz« können junge Fachfrauen per Mausklick gesucht werden. Die Initiatorin Ingrid Wünning Tschol, Bereichsleiterin Wissenschaft und Forschung, hat lange ihre jungen Wissenschaftskolleginnen in jeder erdenklichen Weise gepusht. Jetzt findet sie: »Die Bereitschaft, Frauen für die Besetzung wichtiger Entscheidungspositionen zu berücksichtigen, ist in der Forschungslandschaft höher denn je zuvor angesiedelt.« Da brauche es oft nur noch eine logistische Starthilfe. Denn: »Frauen sind nicht so gut vernetzt wie ihre männlichen Kollegen, und meist auch weniger sichtbar als diese.« Generation Internet lässt grüßen.

Also doch alles auf gutem Wege? Nein, sagen selbst Experten der Regierung. So werde ich aus dem Referat 411 des Bundesministeriums für Familien, Senioren, Frauen und Jugend belehrt, welches für Gleichstellungsgesetze und Frauen in Führungspositionen zuständig ist. Die Leiterin des Referats 411 nimmt jeden Strohhalm, auch meinen bescheidenen Beitrag, um auf ihr Anliegen aufmerksam zu machen: »Die von Ihnen übersendeten Stichworte habe ich aufmerksam gelesen. Die aktuellen Zahlen belegen, dass Frauen in Führungspositionen in Deutschland nach wie vor unterrepräsentiert sind und es weiterer Anstrengungen bedarf, um auf diesem Gebiet Fortschritte zu erzielen. Ihre Publikation wird dazu beitragen, das Thema noch stärker in den Fokus zu rücken.«

Und dann schickt sie mir das Ergebnis einer Studie mit dem Titel »Managerinnen 50plus – Karrierekorrekturen beruflich erfolgreicher Frauen in der Lebensmitte«. Lauter Opt-out-Frauen. Und ich weiß nicht mehr: Welches sind denn nun im Sinne der Emanzipation die Guten? Jene, die sich auf den Chefposten vorkämpfen, oder jene, die sich mit einem leisen Servus verpissen?

Haben Frauen keine Eier?

»Solange nicht auf hochdotierte Posten ebenso häufig mittelmäßige Frauen wie mittelmäßige Männer gesetzt werden, so lange ist unser Arbeitsfeld nicht gleichberechtigt.«

Inge Meysel (1974)

Als ich anfing, meine eigenen Positionen in der Frauenfrage zu überprüfen und mir in Anwesenheit meines Mannes laut Gedanken darüber machte, ob es auch für Frauen unabdingbar sei, für den Wettbewerb um bessere Posten über männliche Machtgier zu verfügen, kam es zu einem denkwürdigen Gedankenaustausch mit dem mir Angetrauten. Zunächst klang die Frage meines im Prinzip ganz netten Ehemannes völlig harmlos. Wie denn das neue Seminar meiner besten Freundin heiße, wollte er wissen. Aber ich wusste aus leidvoller Erfahrung, wie es weitergehen würde. Am Klang seiner Stimme erkannte ich, dass er wieder einmal eine seiner hinterlistigen Frotzeleien gegen uns Karrierefrauen mit einer Frage einleitete, die er dann gerne gleich selbst beantwortet. Und dann kam sie auch schon: »War das ›Krieg dich selber ein‹ oder ›Renn dir selber hinterher‹?«

Zugegeben, meine Freundin aus dem mittleren Management einer Großbank besuchte viele Seminare, zur Fortbildung, zur Stärkung des eigenen Egos, zur Verbesserung ihrer Performance, wenn sie wieder einmal als einzige Frau in einem Meeting mit dreizehn Männern saß, einer wichtiger als der andere.

Das war allerdings noch lange kein Grund für meinen Hausmacho, der in der Küche gerade ein leckeres Hühnchen tranchierte, sich darüber lustig zu machen. Das Seminar heiße »Fang mich doch«, rief ich möglichst bissig zurück und schickte dann noch als besondere Beschimpfung das aus Kindertagen bekannte »Eierloch« hinterher. »Fang mich doch, Eierloch?« klang es vom Herd zurück in mein Arbeitszimmer. »Das kennst du auch?« Und dann vergaßen wir beide für kurze Zeit das Seminar meiner Freundin und versuchten ernsthaft, den Sinn dieses Kinderspruches zu finden. Eierloch müsste irgendeine Verbrämung von Arschloch sein, mutmaßte mein Mann. Er habe von seiner Mutter jedenfalls immer zu hören bekommen, dass man so was nicht sagt.

Aber warum dann »Eier«? Uns fielen zahlreiche Sprüche ein: »Pack ihn an den Eiern« oder »Dem schneiden sie doch die Eier ab«. Alles hatte etwas mit Schneid abkaufen, Mut haben, kämpfen und sich rigoros durchsetzen zu tun. Aber irgendwie bezog sich alles auf Männer. Klar: Frauen haben ja keine Hoden, die fälschlich Eier genannt werden. Das war das willkommene Stichwort für meinen Mann. Ein wenig erinnere ihn das schon daran, was viele Karrierefrauen – und neuerdings sogar einige Weicheier von Männern – offenbar bewegt. Daran, dass sie vor dem entscheidenden Schritt an die Spitze zurückzucken, dass sie nicht mehr bereit sind, sich einfangen und vereinnahmen zu lassen. Dass ihnen die Männerarbeitswelt wohl doch ein wenig zu anstrengend und anspruchsvoll sei. Und als Nächstes, raunzte ich ihn an, werde er es sich natürlich nicht nehmen lassen, darauf hinzuweisen, dass Frauen eben doch keine Eier hätten. Er strahlte mich an und sagte nur: »Genau.«

Den wahren Titel des Seminars meiner besten Freundin verriet ich ihm dann nicht mehr. Das Seminar hieß: »No Return on Investment – warum Frauen plötzlich gehen.«

Längst kümmert sich eine ganze Branche um das Befinden der Frau, die es in die höheren Etagen drängt. Da wird eingeladen zur »Königsstrategie« oder zum »Arroganz-Training für weibliche Führungskräfte«. Da wird den Karrierefrauen dann beigebracht, wie sie sich vor einem Mitarbeiter aufzubauen haben, wie man locker vor sich hin stehend einen Vortrag hält, in welcher Tonlage frau Befehle erteilt. Und natürlich ganz besonders wichtig für jede Frau: Was trägt eine Chefin drunter und drüber? Denn bei allzu vielen löst diese Frage nur den reflexhaften Griff nach dem schwarzen Hosenanzug aus, gerne auch mit Nadelstreifen, wie beim Mann eben, nur möglichst mit ein wenig mehr. Einen Chic à la Ursula von der Leyen. Der Ex-Familienministerin kann man sicher vieles ankreiden. Ihren Kleidungsstil nicht. Der ist perfekt auf jede Situation abgestimmt. Ob im Kindergarten, beim abendlichen Festakt oder vor der Truppe als Deutschlands erste Ministerin der Verteidigung.

Denn heutzutage darf sich die Chefin durchaus ohne Ansehensverlust vorsichtig einige weibliche Accessoires leisten. Aber das will gelernt sein. Sonst droht sofort das große Getratsche um ein großes Nichts. Was Bundeskanzlerin Angela Merkel immer mal wieder erlebt – etwa als sie im jüngsten Bundestagswahlkampf eine wegen ihrer Farbgebung umstrittene Halskette bei einem Fernsehinterview trug.

Ach ja, wichtig ist auch zu beachten: Wie kann Chefin noch Stratege bleiben, wenn sie vor lauter Details des Geschäftsalltags untergeht? Viele weibliche Führungskräfte versuchen permanent den Bedürfnissen anderer gerecht zu werden – denen der Eigentümer, des Vorstandes, der Kunden, der Mitarbeiter. Sie reagieren dann oft nur noch auf eine Unmenge von Anforderungen und drohen zu ertrinken, weil sie den Kopf nicht mehr aus dem Wasser bekommen. Und in die Gefahr, im Wirbel abzusaufen, geraten Frauen dabei häufiger als Männer. Wenn das so ist, geben wir doch einfach auf und akzeptieren: Wir Frauen haben einfach eine Portion Gefühl und Mitmenschlichkeit mehr mitbekommen als die verbissenen nach Mammut und Mammon jagenden Männer.

Das wäre eine Erklärung dafür, warum fast ausschließlich Frauen in Führungspositionen plötzlich und ohne Vorwarnung ihr Lebenskonzept ändern und ihre persönliche Freiheit zurückgewinnen wollen. Es wäre ja nicht das erste Mal, dass wir weiblichen Menschen eine Kehrtwendung vollziehen. In den siebziger Jahren haben wir unseren Traum vom Märchenprinzen begraben. In den Achtzigern wollten wir nicht mehr begehrte Prinzessin sein und erklärten unseren Körper zu unserem unantastbaren Eigentum. In den Neunzigern wollten wir gleichzeitig Karriere machen und Töchter in die Welt setzen. Und was machen die jetzt? Sie gehen neue Wege zu alten Zielen. Sie entsorgen gerade allen angestauten Ballast aus Feminismus- und Emanzipationsbewegung und suchen wieder nach dem Märchenprinzen. Und die jungen Frauen – das ist auch für Opt-out-Frauen schwer zu verdauen – haben nicht einmal ein schlechtes Gewissen dabei.

Boxhandschuhe rein in die Handtasche und raus aus dem Ring

»Ach, wie gut, dass niemand weiß,
dass ich auf eure Meinung scheiß.«

Mädchenspruch

Was war das für ein schöner Kampf damals: klare Feindbilder, klare Fronten, klare Ziele. Damals, als der Begriff Emanzipation wirklich noch das Blut in Wallung brachte, als Frauen den Männern in der Politik so richtig einheizten. Damals brüskierte Berlins Senatorin Heide Pfarr die Bonner Männerherrlichkeit und lud zu ihrem traditionellen Sommerfest nur Frauen ein. Prostituierte spannten Wäscheleinen im Bundestag und hängten Kondome statt Socken daran auf. Vor dem Bundesverfassungsgericht in Karlsruhe flirteten Feministinnen so lange mit den Dienst schiebenden Polizisten, bis ihre Freundinnen die Fassade des höchsten Gerichts lila besprüht hatten.

Damals wollten wir Frauen zu neuen Ufern aufbrechen, Quoten durchsetzen und den Hausmann zum neuen Idealtypus der Männer küren. Angriffsflächen auch für überzogene Kampfmaßnahmen gab es ja wahrlich genügend. Denn alles, auch die schlimmsten Fehlentwicklungen, war ja Männern anzukreiden. Von ihnen stammte das Gute wie das Schlechte in der Welt, auch was die Behandlung von Frauen betraf. Also kämpften wir für einen besseren Abtreibungsparagraphen 218, ein Gleichberechtigungsgesetz, ein neues Namensrecht, ein Recht auf einen Kindergartenplatz und Strafe für Vergewaltigung in der Ehe.

Gesetzestexte, die Frauen Gleichberechtigung und Förderung sichern sollten, setzten in den Schubladen von Beamtenschreibtischen Patina an, verkamen in Ausschüssen des Bundestages zu Diskussionen über Herdprämien und Elterngeld. Bis 1977 konnte der Ehemann seine Frau an den Herd fesseln und ihr verbieten, einer Tätigkeit außerhalb des Haushalts nachzugehen. Der Abtreibungsparagraph 218 lieferte die in Not geratene schwangere Frau und den Arzt, der ihr helfen wollte, den Staatsanwälten aus, und ein Vergewaltigungsdelikt unter Eheleuten sah das Strafrecht nicht vor.

Die Kampfziele waren klar erkennbar, die Behandlung der Frauen als Menschen zweiter Klasse ohne Mitspracherecht in ihren eigenen Angelegenheiten zu offensichtlich, als dass dieser Kampf dauerhaft scheitern konnte. Vieles von dem, was Frauen damals im sozialen Bereich forderten – zum Beispiel mehr Kindergeld, die Verlängerung des Kindererziehungsgeldes und der Erziehungszeit, zusätzliche Sozialhilfen für alleinerziehende Frauen und bessere berufliche Wiedereingliederungsmaßnahmen –, ist inzwischen umgesetzt worden. Und immer mehr wird versprochen. Bis hin zu verrückten Vorschlägen wie einer 32-Stunden-Elternarbeitszeit bei vollem Lohnausgleich. Ein Vorschlag, dessen Halbwertzeit im gewohnten Politikgedonner aus Berlin »nur« ungewohnte elf Stunden hatte.

Die vergangenen dreißig Jahre haben also die Welt für Mann und Frau grundlegend verändert. Gleichberechtigung musste her, all überall. Das wurde als Selbstverständlichkeit internalisiert. Weg mit der ideologisierten klassischen Rollenidentität von Mann und Frau in Gesellschaft und Familie, hieß das Endziel.

Und jetzt? Soll jetzt doch wieder alles anders sein? Die ersten Schaumkronen einer neuen Emanzipationswelle sind jedenfalls zu erkennen. Jetzt geht es nicht mehr darum, die Männer zu imitieren, sich in ihrem Konkurrenzkampf zu behaupten. Jetzt geht es um ein »Zurück zum Weiblichen«, um den Ausstieg aus einer männlich geprägten Leistungsgesellschaft mit von Männern vorgegebenen Zielen. Auf männliche Lästermäuler wirkt das sicher wie die weibliche Variante von »Vorwärts Kameraden, wir müssen zurück«. Nach dem Ausflug in die Welt von Kampf, Karriere und Konkurrenz nun wieder zurück zu Kindern, Küche und Kirche?

Bei den Omas der Emanzipation wie Alice Schwarzer muss eine solche Entwicklung wie ein Verrat an der Sache der Frau ankommen. Ob ihr klar sei, dass die junge Generation Frauen mit Schwarzers Hardcore-Feminismus nichts mehr anzufangen wisse, würde sie neuerdings des Öfteren gefragt, erzählte sie im Umfeld der Vorstellungen ihres Buches »Lebenslauf«. Ihre Antwort: Sie sei heilfroh darüber, dass sie heute junge Frauen treffe, deren Lebensläufe sie geradezu neidisch machten, so Schwarzer. Aber außer dem Neid empfinde sie auch ein wenig Mitleid. Denn die Probleme seien längst nicht gelöst, sie würden nur viel komplexer.

Vieles ist erreicht und es geht längst nicht mehr um die Frage, wie wir uns Gehör verschaffen, sondern darum, ob das Erreichte noch so gewollt ist und ob die Richtung stimmt, in der sich die Emanzipation bewegt. Die ehemalige Chefredakteurin der *taz* Bascha Mika ist sich da ganz sicher: »Nein, auf keinen Fall.« In einer Streitschrift wider den Selbstbetrug fragt sie: »Was ist bloß los mit uns?« Auch beklagt sie, dass Frauen wieder massenhaft ihre traditionelle Rolle wählen und dabei freiwillig weit unter ihren Möglichkeiten bleiben und ihre Kraft und ihre Fähigkeiten vergeuden. Bascha Mika zornig: »Wir wissen doch, dass wir mit der Weiblichkeitsnummer nicht glücklich werden, wenn unser Lebensentwurf mal ganz anders aussah. Darüber müssen wir reden!«

Das fand auch Anne-Marie Slaughter. Und meint deutlich etwas völlig anderes. Im Juli 2012 veröffentlichte die Amerikanerin, Professorin an der Eliteuniversität Princeton (NJ), im *The Atlantic* einen Artikel, dessen Überschrift allein schon genügte, die Frauenbewegung diesseits und jenseits des Atlantiks aufzumischen. »Why women still can't have it all«, behauptete da nicht irgendwer, sondern eine der Vorzeigefrauen der amerikanischen Emanzipationsbewegung.

Anne-Marie Slaughter wurde vonder US-Außenministerin Hillary Clinton einer der wichtigsten Posten in Washington übertragen. Als erste Frau übernahm sie den Planungsstab im State Department – und dann stieg sie vorzeitig aus. Weil sie so schnell wie möglich nach Hause wollte. Weil sie bei ihrer Familie sein wollte, und weil sie feststellte, dass ein hochrangiger Regierungsjob in Washington und zwei Teeniesöhne einfach nicht zusammenpassen.

Ein Verrat erster Kategorie. Viele Frauen, die sich unter größten Anstrengungen gegen männliche Überzahl nach oben kämpfen, waren empört. Slaughter wusste das. Die Vorwürfe, sie ließe alle Ideale sausen und so etwas könne sich eh nur leisten, wer das notwendige Kleingeld dazu hätte, erstaunten sie denn auch nicht. Und schließlich habe sie, sagte sie selber, in ihren Vorlesungen den Studentinnen jahrelang eingebläut, »that they could have it all«, dass die Frauen alles zusammen haben könnten, privates Glück *und* Karriere.

Sie habe sich eben geirrt und gab dies vor möglichst großem Publikum (sehr) medienwirksam zu: Man könne nicht gleichzeitig Vollzeit-Mutter zweier pubertierender Jungen und Vollzeit-Karrierefrau sein. Und das gelte nicht nur für Spitzenjobs in der Washingtoner Administration. Das gelte für die überwiegende Mehrheit der Frauen (und auch Männer), die sich in eine Arbeitswelt begeben, in der ihr Leben von anderen verplant wird.

Slaughters Schlussfolgerung: Verbesserungen für Frauen werden erst dann möglich, wenn viele Frauen tatsächlich führen und aus ihrer Position heraus wirksam Einfluss nehmen können auf die Regeln, nach denen Wirtschaft, Gesellschaft und Politik gespielt werden. Erst dann könne ihr optimistischer Lehrsatz der Emanzipation, »you can have it all«, umgesetzt werden. Die Gesellschaft müsse lernen – und das könnten die Frauen den Zauderern beibringen –, den Lohn des Einzelnen nicht mehr nur nach der Höhe des Einkommens, sondern nach seinem Wohlbefinden zu messen.

Tja. Und nun? Mir fiel ein Ausdruck ein, den die Pädagogin und Führungskräfte-Trainerin Mechthild Erpenbeck geprägt und der mir einst besonders gut gefallen hat. Das Arbeitsleben und insbesondere das Dasein in den Spitzenpositionen von Politik und Wirtschaft werde bestimmt von einer »männerbasierten Präsenzkultur«. Noch immer gelte der als toller Hecht (oder, politisch korrekt, tolle Hechtin, falls es so etwas gibt) im Karpfenteich, der möglichst bis Mitternacht am Schreibtisch hockt. Das halte viele Frauen, so hat die Manager coachende Frau Erpenbeck herausgefunden, von der Chefetage fern.

Wenn das weiterhin der Grund von fehlender Präsenz ist, könnte man ja noch kämpfen. Dass genau dies möglich sein sollte, dass Frauen auch in Führungspositionen Kinder haben und großziehen können, ist doch seit Jahrzehnten unser Ziel. Es muss ja nicht unbedingt so laufen wie bei der Facebook-Chefin Sheryl Sandberg. Sie soll ihre letzte Telefonkonferenz vor der Geburt ihres Kindes im Kreißsaal absolviert haben und erklärt anderen jungen Müttern gerne mal, wie frau während wichtiger Geschäftstermine ihre Milch abpumpen kann.

Was aber würde es bedeuten, wenn Slaughter recht hat und die Frauen selber sich dazu entschließen, lieber Fieber zu messen als in internationalen Konferenzen zu verhandeln? Slaughter im Sommer 2012 in der *ZEIT*: »Ich glaube, Frauen brauchen inzwischen nicht mehr zu beweisen, dass sie gut sind, dass sie hart sind, dass sie eigentlich alle wichtigen Positionen übernehmen können. Es ist an der Zeit, darüber zu reden, welchen Preis wir dafür zahlen.«

Wie Regine Stachelhaus, die bis Mitte 2013 Personalvorstand bei E.ON war. Warum sie gegangen ist? Sie wolle mal wieder eine Jahreszeit erleben und den Tag nicht nur nach Sonnenuntergang, sagt sie. Sie habe ihren Job mit Leidenschaft ausgeübt. »Aber meine Familie ist für mich das Wichtigste.«

Erst kämpften wir um Posten, jetzt kommt der Kampf um den Preis und das Glück. Sind wir wieder in einer ähnlichen Phase wie in den fünfziger und sechziger Jahren des vorigen Jahrhunderts? Diese Zeit, die selbst für mich vorvorgestern ist und die ich noch Gummitwist-hüpfend erlebte. Damals wurde die Generation des Wiederaufbaus in den siebziger Jahren abgelöst von sinnsuchenden, konsumverweigernden, das Glück jagenden, kiffenden Hippies.

So ist das, sagt beispielsweise der Kolumnist der ZEIT, Harald Martenstein. Er sieht in den sich verweigernden Frauen die neuen Hippie-Aussteiger. Opt-out-Frauen – Feigheit oder Mut?

Harald Martenstein

»Es könnte eine Mischung aus beidem sein. Oder etwas Drittes: Klugheit. Es wäre ja seltsam, wenn es keine weiblichen Aussteiger gäbe. In einer Spitzenposition tauscht man häufig Geld und Macht gegen Lebensqualität. In der Mitte der Hierarchie lebt es sich meistens angenehmer. Klar: Ein bisschen Geld braucht der Mensch. Aber es muss nicht viel sein. Der Erfolg eines Lebens misst sich nicht an der Position auf der Karriereleiter, die jemand am Ende erreicht. Erfolg heißt: Glück. Männer und Frauen sollten das tun, was ihnen am ehesten zu einem einigermaßen glücklichen Leben verhilft. Und das ist bei jedem etwas anderes. Manchmal Karriere. Manchmal Familie. Oder eine Hippie-Existenz in Indien. Manchmal irrt man sich auch und geht den falschen Weg.«

Dagmar Mörsdorf

»Auf dem Weg zum Gipfel hat sich möglicherweise die Sichtweise zu dem, was erstrebenswert ist, geändert. Vermehrter Kontakt mit Leuten, die auch zum Gipfel wollen bzw. dort angekommen sind, lässt den ›Anstieg‹ nicht mehr attraktiv und den persönlichen Preis als zu hoch erscheinen. Folglich entsteht Angst davor, menschliche Qualitäten zu verlieren und in der Welt der Alphatiere letztlich nicht zurechtzukommen. Und es verlangt nach Mut, daraus Konsequenzen zu ziehen und Alternativen zum ›Anstieg‹ zu finden.«

Walter van Rossum

»Ich vermute bei den Opt-out-Frauen einen Anfangsverdacht von Weisheit, Lust auf Leben und die Hoffnung, ein bisschen mehr Kontrolle darüber zu erhalten.«

70

Ein Verdacht, den Opt-out-Promi Anne-Marie Slaughter vor allem im Gespräch mit Studentinnen absolut bestätigt sieht: »Die jungen Frauen wollen diesen Preis oft nicht zahlen.« Und sie wollen vor allem nicht dahin getragen oder gefördert werden. Die stolzen Errungenschaften von uns Frontkämpferfrauen, Frauenförderprogramme und Frauenquoten, sie zählen nichts. Die 23-jährige Eva Goldfuß schleudert mir richtig wütend ihre Meinung entgegen:

Eva

»Ich hasse diese Ausdrücke wie ›Frauenförderung‹ und so. Frauen müssen nicht gefördert werden, weil sie ein naturgegebenes Manko hätten. Da fühle ich mich diskriminiert. Wenn schon, dann müssen Familien gestärkt und Strukturen geschaffen werden, damit Familie und Karriere vereinbar sind. Die ideale Förderung gibt es nur (egal ob für Mann oder Frau), wenn sich geduldige Mentoren anbieten, die einen jungen Menschen vertrauensvoll an die Hand nehmen und positionieren. Das verstehe ich übrigens unter ›Fördern und Fordern‹.«

Da habe ich als gute Mutter nun gefördert und gefordert, als gute Chefin geführt und gelenkt, die Pädagogik der Kerschensteinerschen Arbeitsschule und das Laissez-faire nach Montessori studiert, internalisiert und praktiziert – und jetzt muss ich feststellen: Irgendwie ist etwas völlig anderes dabei herausgekommen, als ich es mir vorgestellt habe. Die wollen das nicht.

Andreas

»Geht man mal davon aus, dass in einem Unternehmen in der Führungsetage 95 Prozent Männer arbeiten, ist dann automatisch die Struktur zu männlich? Und wer sagt mir, dass Unternehmen wirklich erfolgreicher sind, wenn von außen vorgeschrieben wird, dass jetzt 15 Prozent der Männer aus der Führungsriege fliegen und dafür Frauen hingesetzt werden? Apple ist momentan das wertvollste Unternehmen der Welt – und Überraschung, es ist dort keine einzige Frau im Vorstand. Ob das jetzt aus Sicht der Gleichberechtigung toll ist, kann man zumindest anzweifeln. Aber Frauen deshalb überall zu fördern, grenzt für mich dann doch manchmal an Aktionismus. Allein das Bildungssystem zeigt ja zum Beispiel, dass die Mädchen dort die Jungs schon überholt haben.«

Laura

»Frauenförderung ist nicht der richtige Weg, das Problem der Frauen in der Arbeitswelt zu lösen. Da werden falsche Signale gesendet. Und die können sogar negativ gegen die Frauen ausgelegt werden.«

Katrin

»In ihren Leistungen sind Frauen und Männer gleich und bedürfen keiner spezifischen Förderung. Das betrifft Männer und Frauen. Frauenquoten und so was ist völliger Quatsch. Das wäre die eigentliche Diskriminierung. Was dagegen gefördert werden muss, ist die Vereinbarkeit von Job und Familie (Krippenplätze etc.).«

Max

»Frauenförderung ist nur zeitgemäß, wenn sie Frauen da fördert, wo sie nachweislich einen Nachteil haben, an dem sie selbst nichts ändern können.«

Jenny

»Mittlerweile sollten die Männer sich emanzipieren ☺«

Anja

»Frauen sind heute selbstbewusst, erfolgreich in Schule und Studium – da empfinde ich eine Frauenförderung eher als einen Rückschritt als zeitgemäß.«

Auch heute kann es natürlich nicht völlig falsch sein, Frauen zu ermutigen, ihre Potenziale auszuschöpfen. Ich muss mir aber eingestehen, dass sich der eine oder andere Grauton in die Schwarzweißmalerei vergangener Tage gemogelt hat. Das eine oder andere frauenpolitische Argument meiner jungen Jahre hat mit meiner inzwischen gesammelten Lebens- und Berufserfahrung längst nichts mehr zu tun. Ständiges Gejammer über erzwungenen Karriereverzicht oder noch fatalere Resignation des »Sich häuslich einrichten, so gut es eben geht« nerven mich genauso wie der Aufruf an alle, nun endlich anzutreten und Verantwortung zu übernehmen, egal wo.

Da prallen wirklich irre unterschiedliche Welten aufeinander. Eine Geschichte aus einer katholischen bayrischen Mädchenschule (ich entschuldige mich nachträglich bei meiner Tochter, sie dahin geschickt zu haben, aber immerhin: Sie hat gelernt, sich zu wehren) soll das unterstreichen. Katarina kam laut nach mir rufend nach Hause: »Weißt du, wie unser Aufsatzthema heute hieß?«, fragte sie eines Tages, als sie wieder mal einen ihrer Ansicht nach völlig verplemperten Tag in ihrem Mädchengymnasium verbracht hatte. Natürlich wusste ich es nicht. Meine sonst eher ruhige Tochter zappelte vor Aufregung und strahlte mich an: »Da kommst du auch in 10 000 Jahren nicht drauf! Also? Begründen Sie, warum es sinnvoll ist, heutzutage als Hausfrau zu leben und die Kinder großzuziehen?« Sie jubelte geradezu. »Toll, gell? Und das muss meiner Mutter passieren.«

»Was habt ihr denn geschrieben?«, wollte ich von meiner belustigten Tochter wissen. »Wir haben uns darüber kaputtgelacht und dann gehorsam die Vorteile eines Lebens als Heimchen am Herd aufgezählt. So was ist zu dämlich, um sich darüber mit den Lehrern zu streiten.« Und: »Soll doch jeder machen, wie er es will.« Mehr hatten Katarina und ihre Schulfreundinnen dazu nicht zu sagen. Darüber zu streiten wäre für sie nichts als Verschwendung wertvoller Zeit.

Meine jungen InterviewpartnerInnen und Mitschreiber halten genau deshalb Bücher mit Titeln wie »Raus aus der Mädchenfalle«, »Warum Feminismus das Leben schöner macht«, »Mädchen für alles: Wie Sie die typischen weiblichen Jobs vermeiden«, »Gleichberechtigungsfalle« oder »Wir Alphamädchen«, in denen ich früher sicher vieles gefunden hätte, dem ich zustimmen konnte, für nicht lesenswert, geschweige denn für Pflichtlektüre. Diese jungen Frauen brauchen keine Anleitung mehr, was sie als weibliches Wesen zu tun und zu lassen haben. Sie zeigen ein verblüffendes Selbstbewusstsein.

Wie Aylin. Sie ist 24, hübsch, tolle Figur, lange schwarze Haare. Das hat sie von ihrer Mutter. Die ist Türkin, ihr Vater Deutscher. Aylin studiert Physik. »Ich war nie so ein richtiger Typ Mädchen, so 'ne Prinzessin«, erklärte sie mir und runzelt nachdenklich die Stirn. »Sind wir alle eigentlich nicht mehr. Jedenfalls nicht mehr, seit mit etwa neun die rosa Barbie-Zeit zu Ende ging.« Die angehende Physikerin mit Migrationshintergrund bringt das neue Selbstverständnis ihrer Generation auf den Punkt, wenn sie sagt: »Wir sind nicht gleich. Wir stehen zu unseren Unterschieden. Aber was wir brauchen, sind gleiche Rechte.« Und damit meint sie nicht nur die Freiheit, in Schule und Universität ein Kopftuch zu tragen oder nicht.

Ich brauche Mut vor mir selber und vielen Weggefährtinnen, wenn ich offen sage: Das ist toll. Verrate ich jetzt damit meine Ideale und die aller anderen Vorkämpferinnen für die Gleichberechtigung? Weil ich mir eingestehen muss, dass vieles von dem, was wir ausgefochten haben, richtig und gut war; dass es nun aber auch genug damit ist? Letzteres wird mir fast täglich bestätigt.

Sabine ist eine talentierte Nachwuchsjournalistin. Sie arbeitet freiberuflich beim Fernsehen, war gerade ein Jahr in Amerika und will jetzt nebenher ihren Master machen. Als sie sich dafür an der Münchner Uni einschreiben wollte, bekam sie einen Haufen Unterlagen in die Hand gedrückt. Kein Problem, dachte sie und wollte sich dem Papierkram widmen. Doch dazu kam sie zunächst nicht. Sie wurde noch an den Schreibtisch einer warmherzig und verständnisvoll dreinschauenden – wie sie fand – älteren Dame gebeten. »Sie wissen ja«, begann die Dame verschwörerisch und tätschelte der Bewerberin wohlmeinend den Unterarm, »wenn Sie als Frau diskriminiert werden, können Sie sich jederzeit an mich wenden. Wir haben ein Frauenberatungsbüro, eine Frauenanlaufstelle, eine Frauenbeauftragte und natürlich ein Frauentelefon. Hier noch ein paar Unterlagen, wo und wie Sie Hilfe bekommen können.«

»Ich bin fest davon überzeugt«, erzählt mir Sabine später, »die hielt mich entweder für minderbemittelt, komplett geisteskrank oder zutiefst undankbar.« Sabine hatte sie nämlich mit offenem Mund und völligem Unverständnis angesehen und gesagt: »Ich brauche das nicht.«

»Wissen Sie«, wundert sich Sabine heute noch, »die tragen einem das angebliche Problem, eine Frau zu sein, so nach, dass man sich fragt: Habe ich jetzt die schlechte Note bekommen, weil ich nicht genug gelernt habe oder weil ich eine Frau bin?«

Wir müssen aufpassen, dass wir uns nicht langsam »zu Tode mentoren«, meint auch Businesscoach Martina Weinberger. »Die jungen Frauen wollen nicht ständig per se gefördert werden.«

Rückfall in die Duldungsstarre – Angst oder Mut?

> »Wir wollen die Männer für den Charme
> des Spülbeckens begeistern.«
>
> *Susan Brownmiller*

Unsere Ideale haben wir mit diesem Selbstbewusstsein sicher nicht ganz erreicht. Wir üben uns immer noch in Zurückhaltung, wenn wir laut »Hier!« rufen müssten. Wir stellen immer noch unsere

Fähigkeiten hintenan. Wir leisten weiterhin Hausarbeit und Kinderbetreuung. Sicher mehr als unsere Männer. Das alles stimmt immer noch, und ich könnte der Aufzählung der Nachteile, eine Frau zu sein, noch etliche Punkte hinzufügen. Nur für oder gegen wen soll das gelten?

Ganz sicher nicht für die jungen Frauen. Die fassen vieles von dem, was wir ändern oder beseitigen wollten, gar nicht mehr als Nachteil auf. Für sie ist das sinnvolle Geschlechtertrennung, und die bringt der Frau nicht nur Nachteile. Und die tragen sie dann mit großer Gelassenheit. Nehmen Sie nur die Mutter mit den drei kleinen Kindern, die bei mir im Haus wohnt. Sie beschwert sich nicht darüber, dass sie nur in Teilzeit arbeiten kann, sie hat keinerlei rabenmütterliche Ängste, wenn sie morgens ihre Kinder in Kiga und Kita abgibt. Und sie nimmt das Management ihrer Beanspruchung als Hausfrau, Teilzeitbeschäftigte und Mutter ganz locker. »Bei uns kann man nicht unbedingt vom Boden essen«, erklärt sie fröhlich, »aber für das Essen haben wir ja auch Tisch und Geschirr.«

Auf den ersten Blick erscheint eine solche Haltung wie ein Rückfall in die Duldungsstarre vergangener Zeiten. Ganz egal, was die Männerwelt der Frau aufbürdet, alles wird erledigt, ohne Orden, mit einem Lächeln im Gesicht. Schon wieder Verrat? Müssen sie sich nicht schuldig fühlen, weil sie es wagen, offen zu sagen, dass sie ihre Kinder und Partner in bestimmten Situationen des Lebens für wichtiger halten als den Wettlauf mit den Männern auf den Gipfel? In uns im Kampf um die Rechte der Frau Ergrauten (nur bildlich gesprochen natürlich; denn wofür gibt es schließlich Haarkünstler wie meinen Thomas?) lösen solche Gedanken immer noch ideologisches Unbehagen aus.

Schließlich waren wir es, die den Feminismus von der Theorie auf die Praxis heruntergebrochen haben. Wir unterstützten Alice Schwarzers radikal überzogenen »Schwanz ab«-Feldzug, weil er gerade in der Übertreibung deutlich machte, dass die Frauen sich nicht mehr nur wegducken, wenn sie geschlagen werden. Unisono waren wir alle der Meinung, dass erst einmal die Männer – Ehemänner, Politiker, Chefs – für die Unterdrückung der Frauen verantwortlich zu machen seien.

Droht jetzt also nach dem Zeitalter des »Schwanz ab« eine Epoche, in der derselbe wieder eingezogen wird? Ich habe ein wenig gebraucht, um mir diese Frage zu beantworten. Und am Anfang stand die Einsicht, dass es schlicht und einfach nicht mehr um das männliche Glied geht. Der alte Konkurrenzkampf mit ihm spielt für die jungen Frauen, wenn sie ihr eigenes Leben zu optimieren versuchen, keine Rolle mehr. Auch gut ausgebildete Frauen mit Entwicklungspotenzial streben nicht mehr unbedingt in die Führungspositionen? So what! Leistungsfähige Frauen ziehen sich sogar freiwillig aus den Führungsebenen zurück? Wo ist das Problem!

Wir Älteren müssen uns einfach daran gewöhnen, dass die Jungen variationsreicher darüber entscheiden, was für sie in ihrem Leben das größte Glück und den größten Nutzen bringt. Nur darum kann es gehen. Und diese Freiheit zu leben erfordert mindestens genauso viel Mut, wie wir ihn damals brauchten.

Es werden mehr, die das so sehen.

Harald Martenstein

»Das Geschlechter-Paradox besteht darin, dass sich in freien Gesellschaften mit ausgeprägten Frauenrechten nicht weniger, sondern mehr Frauen für angeblich typische Frauenberufe entscheiden, soziale oder kreative Berufe. Wenn Frauen die Wahl haben, tun sie eben nicht das Gleiche wie die Männer. Sie werden, ohne Druck, im Durchschnitt lieber Ärztin, Lehrerin oder Journalistin als Statikerin, Ingenieurin, Schachprofi oder Patentanwältin.«

Sabine Moehring

»Ich glaube, dass Frauen in ihrer Mehrheit mutiger sind, auch deshalb, weil der berufliche Status einer Frau nicht nahezu ausschließlich ihre persönliche und gesellschaftliche Identifikation ausmacht. Die Frage nach den richtigen Lebenszielen, in Kombination mit einer guten Portion Mut, beantworten Frauen ehrlicher.«

Das habe ihr übrigens schon ihr Vater immer gesagt, dass Frauen mutiger und ehrlicher seien. Stimmt das? Ja, meint der Geschäftsführer von brandamazing, Jon Christoph Berndt. Er treffe immer häufiger selbstbewusste Frauen, die nicht den alten Karrieremustern folgen. »Die mutigen Umkehrerinnen werden mehr werden – die Zeit dafür ist reif.« Denn: »Schneller, höher, weiter wird zusehends anders definiert. Bei der konstruktiven Umkehr können nun die Frauen tatsächlich mal die Ersten sein.«

Eine davon ist Sigrid Reutter, gelernte Leiterin HR Change& Implementation bei Telefónica Germany und mittlerweile aktiv im Münchner Memorandum für Frauen in Führung. Sie redet offen über ihre Lebens- und Lernwege:

Sigrid Reutter

»Ich kann nur für mich sprechen, ich habe gelernt, den Weg zum Gipfel zu genießen, und immer dann, wenn ich merke, dass ich genug habe, kehre ich um. Für mich hat der Verzicht auf den Gipfel auch eine spirituelle Dimension und etwas mit einem veränderten Bewusstsein zu tun. Frei nach dem Motto: ›There is no way to happiness, happiness is the way.‹ So habe ich über einen längeren Zeitraum gelernt, bewusst auf den Gipfel zu verzichten, obwohl ich wusste, dass ich es schaffe.

Ich wusste damals noch nicht, dass dieses Üben die Vorbereitung für etwas ist, was ich nun auch in anderen Lebensbereichen und auch im Beruf praktiziere. Wenn ich merke, dass ich keine

Lust mehr habe oder mich nicht mehr wohlfühle, höre ich auf. Karriere ist für mich kein Selbstzweck mehr. Zumindest nicht mehr die klassische Form der Karriere. Meine Form von Karriere ist es, nach wie vor das Ziel zu haben, etwas bewegen zu wollen. Dafür sind Einfluss und Macht sicherlich von Nutzen. Meine Bereitschaft, dafür mein Selbst, meine innersten Überzeugungen und Werte, meine Familie und Freunde nach hinten zu stellen, ist sehr gering oder nicht vorhanden. Dies hat für mich Vorrang. Ich bin nach wie vor davon überzeugt, dass es lohnt, sich in einer Gesellschaft zu engagieren, in der die Werte von Glück in unterschiedlicher Form (auch materiell, aber das ist ein Faktor unter mehreren) höchste Priorität genießen oder bekommen.

Ich habe mich in dieser Phase auch mit anderen (männlichen) Führungskräften unterhalten. Sie sagten mir, sie würden dies nicht schaffen, bewusst auf den Gipfel zu verzichten.

Somit kann ich für mich diese Frage klar damit beantworten, dass eine besondere Form von Mut dazu gehört, vor dem Gipfel freiwillig umzukehren und mit der Energie, die zusätzlich freibleibt, neue Wege zu gehen, unabhängig davon, ob ein anderer Gipfel erklommen, eine kleine schöne Wanderung oder ein Fernwanderweg daraus wird.«

Die Buchautorin Barbara Bierach hat einen langen Weg hinter sich. Noch vor gut zehn Jahren sinnierte sie darüber, ob wir »das dämliche Geschlecht« seien. Ihr geht es mittlerweile so wie mir. Irgendwie verschieben sich die Ziele, erklärte sie mir. Als ich sie frage, ob mehr Wohlbefinden für Frauen geschaffen werden müsste, lächelt sie nur: »Tja, ganz offenbar findet dieses Wohlfühlen in den deutschen Konzernen eher nicht statt.«

Barbara Bierach

»Die verbiegen sich ja angeblich alle gerade, um Frauen in Führungspositionen zu hieven, nur um dann bedauernd festzustellen, dass es so viele Frauen mit Lust auf Konzernkarrieren gar nicht gibt. Viele Frauen suchen ihr Heil ja auch tatsächlich lieber als Freiberuflerin oder Selbstständige. Unendlich viele Frauen werden von vornehein lieber Architektin oder Apothekerin, weil sie wissen, dass sie da noch am ehesten ihr eigenes Ding werden machen können. 60-Stunden-Wochen haben die meist auch – allerdings können sie die dann ableisten, wann sie wollen. Sie ahnen nicht, wie viele meiner Freundinnen nach 21 Uhr wieder online sind und am Schreibtisch sitzen, wenn die Kids im Bett sind. Nur den typischen Topmanagertag von 7 bis 19 Uhr kriegen Mütter halt nicht hin.

Ich bin der Meinung, dass viele Frauen auf einen Topjob einfach keine Lust haben und lieber in der zweiten und dritten Reihe zusehen, wie sich die Männer in der ersten gegenseitig die Nasen blutig hauen.

Patricia Barbizet, eine bekannte französische Topmanagerin, die unter anderem im Verwaltungsrat von Christie's sitzt, verrät in den internationalen Medien ihren Eindruck, warum viele Frauen vor dem letzten Schritt nach ganz oben zurückschrecken. Eine Stufe unterm Vorstand verdiene frau auch schon ganz ordentlich und könne viel gestalten – sei aber nicht so im Fokus der Presse. Die ganzen »Und wie machen Sie das mit Ihrer Familie?«-Interviews blieben ihr da erspart. Auch sei es für den Ehemann dann einfacher, so Barbizet, wenn die Mutter und Ehefrau nicht ganz so offensichtlich mehr verdiene als ihr Mann. Das hat mir tatsächlich eingeleuchtet – fast so viel bewegen können, fast so viel verdienen, aber ohne den Extremdruck des ständigen Beobachtetwerdens.

Karsten Knechtel, Geschäftsführer von Process Management Consulting GmbH, erlebt das ähnlich. Bedauert es aber. Er arbeite viel und gerne mit Frauen. »Unser Geschäftsleben hat falsche, fehlende oder veraltete Werte«, erklärt er mir. Deshalb scheuen gerade junge gutausgebildete Frauen den Schritt nach oben, selbst wenn sie aufsteigen könnten.

Karsten Knechtel

»Die Gleichberechtigung ist nicht so in unserer Gesellschaft verankert, dass eine Frau ohne schlechtes Gewissen gegenüber ihren Kindern einen Job übernimmt, der nicht nach vierzig Stunden beendet ist. Und wenn sie das tut, dann weiß sie, dass sie sich z.T. zwischen den Feldern ihrer Aktivitäten zerreißen muss. Die fehlenden oder falschen Werte im heutigen Geschäftsleben der westlichen Welt können ggf. Männer anspornen, ihren Ehrgeiz auszuleben, finden aber bei Frauen sicherlich nicht wirklich einen entsprechenden Anklang. Was z.B. in Deutschland als soziale Marktwirtschaft gestartet ist, das ist heute im Bejubeln des Shareholder Value vorläufig geendet. Eine Wirtschaft, die auf humanen Werten basiert, ist da in weite Ferne gerückt, und für eine Frau ist der heutige Zustand ggf. auch abschreckend. Vieles, das aus der Ferne als erstrebenswert gilt, wird zur Ernüchterung, wenn man in der Vorstandsetage sitzt und die Realität wenig wertebasiert ist.«

Die Berliner Wirtschafts- und Finanzjournalistin für Nachhaltiges Wirtschaften und Investieren Susanne Bergius empfindet eine echte Freude daran, dass Frauen sich nicht mehr »dem Karrierediktat der männlich geprägten Wirtschaftswelt unterwerfen, sondern einen eigenen Weg gehen und zu den eigenen Prioritäten stehen«. Selbst erfolgreich, weiß sie um den Preis und entdeckt einen neuen Feminismus. Es bringe einfach »in Wirklichkeit nicht voran«, mit dem »Strom der männlichen Wettbewerber und deren Verhaltensweisen zu schwimmen«.

Erfahrungen quer durch die Berufe bestätigen das. Auch Christiane Funken, Leiterin des Fachgebiets Medien- und Geschlechtersoziologie an der Technischen Universität Berlin, stellt in ihren

Seminaren und bei der Forschung immer wieder fest: »Feminismus wollen wir gar nicht mehr in dieser Art.«

Für Manuela Schwesig, seit dem 17. Dezember 2013 im dritten Kabinett Merkel als Bundesministerin für Familie, Senioren, Frauen und Jugend tätig, eine schwierige Erkenntnis. Sie steht für die Generation X: zielstrebig und karrierebewusst. Mit knapp vierzig muss ihr der Geisteswandel der Opt-out-Frauen eher als Fahnenflucht erscheinen, die Zurückhaltung der Generation Y mehr feige als mutig. Im selbstbewussten Stinkefingerzeigen entdeckt die aufstrebende Berliner Politikerin aber auch dringend benötigtes Potenzial, welches in Berlin und überall mehr beachtet werden sollte.

Was bewegt die Karrierefrau, die in Sichtweite des Gipfels freiwillig umkehrt? Was die junge Generation Y? Angst oder Mut?

Manuela Schwesig

»Da ist sowohl Mut als auch Angst im Spiel. Ich denke dabei aber nicht etwa an die Angst vor der Verantwortung. Die tragen Frauen mindestens ebenso gut und gerne wie Männer. Es ist eher die Angst davor, dass der persönliche Preis, den Frauen zahlen, um eines Tages den Chefsessel zu erobern, zu hoch sein könnte. Frauen in Führungspositionen beherrschen zwar die Spielregeln, die sie brauchen, um die Karriereleiter hochzuklettern. Doch diese Spielregeln sind oft nicht die eigenen, sind männlich geprägt. Diese Erfahrung gepaart mit einer lausigen Work-Life-Balance führt für einige zu der Frage: Ist es das wirklich, was ich will?

In dieser Situation kostet es dann Mut, mitten in der Fahrt eine Vollbremsung zu machen und eine andere Richtung einzuschlagen. Denn damit bricht man nicht nur mit dem eigenen Ziel, für das man lange hart gearbeitet hat. Sondern man enttäuscht auch viele Erwartungen, die von außen an eine Frau in Führungsposition herangetragen werden.

Ich wünsche mir, dass mehr Frauen durchhalten und dazu beitragen, die Unternehmenskultur so zu verändern, dass Frauen in Führungspositionen authentisch bleiben können. Die Zeiten, in denen Erfolg daran gemessen wird, wer abends am längsten im Büro sitzt, sollten der Vergangenheit angehören. Je mehr Frauen in den Vorständen und Aufsichtsräten sitzen, desto mehr wird sich auch die Kultur in den Unternehmen so verändern, dass die Vereinbarkeit von Beruf und Familie auch in Führungspositionen möglich ist und mehr Frauen eine Chance zum Aufstieg erhalten.«

Ist die Opt-out-Revolution ein Beleg dafür, dass eben doch der Mann das geborene Alphatier ist?

Manuela Schwesig

»Nein. Diese Vergleiche aus dem Tierreich finde ich zu simpel. Führung und Karriere als männliches Phänomen zu beschreiben ist schlicht falsch. Die junge Frauengeneration heute ist so gut ausgebildet wie noch nie zuvor. Wir haben deshalb auch den berechtigten Anspruch zu führen und mit zu entscheiden. Aber eben nach unseren eigenen Regeln. Ich mache die Erfahrung, dass das auch sehr gut klappen kann. Ich arbeite sowohl mit Männern als auch mit Frauen sehr gut zusammen. Es gibt nicht nur den einen Königsweg einer guten Führung. Ich kann die Gründe von Frauen für ein so genanntes Opting-out zwar verstehen, aber ich wünsche mir, dass mehr Frauen durchhalten und durch ihre eigene Art die Kultur in Unternehmen und Organisationen positiv beeinflussen. Zugegeben, das ist oft mühsam und geht nicht von heute auf morgen. Aber nur so schaffen wir Veränderung.«

Brauchen wir dafür in der Arbeitswelt zwingend die Quote? Können die von der Männermehrheit einstudierten Kriterien von Erfolg auch für Frauen gelten?

Manuela Schwesig

»Keine Quote zwingt eine Frau zur Karriere, die dies nicht für sich möchte. Aber eine Quote kann dafür sorgen, dass Frauen endlich keine Seltenheit in den Führungsetagen mehr sind. Und damit haben wir Frauen es in der Hand, die Situation in den Unternehmen für Frauen zu verändern. Nicht nur in den Führungsebenen, sondern auch für alle anderen. Deswegen bin ich eine vehemente Verfechterin einer Quote von vierzig Prozent in Vorständen und Aufsichtsräten. Denn wenn mehr Frauen in der Führungsebene zu finden sind, wird das auch im Unternehmen insgesamt etwas für die anderen Frauen verändern. Zum Beispiel habe ich von Sheryl Sandberg (COO von Facebook) gehört, die abends nie länger als bis 17.30 Uhr arbeitet, damit sie den Rest des Tages bei ihren Kindern verbringen kann. Solche Vorbilder verändern die Arbeitswelt nachhaltig.

Doch solange das noch nicht der Fall ist, müssen wir Frauen uns der männlichen Methoden bewusst sein und sie ein Stück weit auch bewusst einsetzen, um ans Ziel zu kommen. Nur so können wir die Arbeitswelt frauen- und familienfreundlicher machen.«

Die Kultur ändert sich. Gut so! Offen bleibt, in welche Richtung. Harald Martenstein hofft darauf, dass dieses einseitige Schielen auf Macht und Position aufhört:

Harald Martenstein

»Ich glaube, dass man an die Stelle der alten Rollenzuweisungen keine neuen Pflichten setzen sollte. Es wird schon genug Frauen geben, die oben ankommen. Und andere, die keine Lust dazu haben und denen diese Entscheidung zuzubilligen ist. Das Gleiche gilt für Männer.«

Er hat ja recht. Nicht jede tolle Frau muss an die Spitze, und nicht jede Spitzenfrau muss wie Ursula von der Leyen sein, die außer gut angezogen sein noch mehr kann. Sie hat sieben wohlgeratene Kinder, ist mit ihrer Familie zu ihrem an Alzheimer erkrankten Vater gezogen und fightet in Berlin als Deutschlands erste Verteidigungsministerin und eines der wichtigen Kabinettsmitglieder stets mit charmantem Lächeln.

Solche Frauen gibt es. Solche Männer nicht. Ich bewundere solche Frauen. Und sie frustrieren mich. Weil ich mir eingestehen muss, dass ich das nicht schaffen würde. Es war einmal ein Mann, der mich in meinem Frust tröstend mit dem Satz auffing: »Weißt du, es wird immer einen geben, dessen Maybach noch besser und schneller ist als deiner.« Er spielte damit auf die luxuriösesten und teuersten Limousinen des Daimler-Konzerns an, die nur an ein auserlesenes und vor allem reiches Publikum verkauft werden. Während ich nur stolze Besitzerin eines Radels mit 21 Gängen bin: Übertragen auf den Alltag muss das heißen, es kann nicht darum gehen, sensationell gute Frauen in Führungspositionen zu lotsen, sondern es muss darum gehen, leitende Positionen mit ganz normalen Frauen zu besetzen, Positionen, auf denen ebenso normale und mittelmäßige Männer schon ewig hocken.

Sexismus ist laut, aber out

»Wozu genau noch braucht man einen Penis
in dieser Führungsposition?«

Mein Zitat für und bei Pro Quote

Und da müssen wir mit Vorsicht ein Sujet behandeln, das ich längst und leider fälschlicherweise als erledigt angesehen hatte. Anfang 2013 bereicherte ein altes Thema den ewig dauernden Streit um die Rolle der Frau und des Mannes in der Arbeitswelt. Eine Sexismusdebatte füllte Blätter und Medien. Der 67-jährige Rainer Brüderle, FDP-Spitzenkandidat für den Bundestagswahlkampf 2013, hatte nach alter Machomanier eine 28-jährige Journalistin vom *Stern* angebaggert. Kein spektakulärer Fall. Aber er entwickelte sich zum Spitzenthema aller Talkshows, weil die junge Frau den alten Mann geoutet hatte, und das äußerst medienwirksam.

Zehn Tage lang diskutierte »ganz Deutschland«, wie die *Bild*-Zeitung behaupten würde, hoch emotionalisiert den alltäglichen Sexismus gegen Frauen. Diese Diskussion ließ natürlich die ungerechte Bezahlung von Frauen, das Fehlen in Führungsetagen und andere Benachteiligungen des weiblichen Geschlechts nicht aus. In meiner Eigenschaft als Frau und Autorin des Buches »Hammelsprünge«, in dem ich das Dasein junger Frauen in der Bundeshauptstadt und Männerhochburg Bonn geschildert habe, durfte ich mich daran beteiligen.

Frauen, die in der Liga einer *Stern*-Redakteurin spielen, hat man einst »Karriereweiber« genannt. Dann »Alphamädchen«. Im alten Bonn gab es davon nicht viele. Und die funktionierten in der Männerwelt der Bundeshauptstadt, weil sie sich den Regeln dieser Welt fügten. Das Neue an der Aufregung um den alten Brüderle ist deshalb nicht dessen Verhalten. Das Neue ist, dass sich junge Frauen trauen, sich öffentlich zu wehren, ohne selbst bleibenden Schaden fürchten zu müssen. Die *Stern*-Redakteurin wählte dazu einen Ton, den gerne mal Männer gegenüber anderen Männern anschlagen.

Das nahmen ihr zu meinem Erstaunen nicht nur Brüderle und andere Männer übel, sondern auch ältere Frauen, die in der hohen Zeit des Kampfes um die Gleichberechtigung sozialisiert worden sind. Als nämlich die Journalistin Laura Himmelreich das männliche Balzgetue des Freidemokraten öffentlich anprangerte, war aus deren Ecke plötzlich zu hören, sie solle mit dem »Gejammere« aufhören. Anerkannte Kolleginnen aus der femininen Anfangszeit wie Wibke Bruhns und Cora Stephan raunzten die junge Frau an, sie solle sich mal »nicht so anstellen«. So seien nun mal die Männer. Und es gebe ja Mittel und Wege, sich ohne großes Aufsehen zu wehren. Nur: Das hat Himmelreich gar nicht getan, »sich anstellen«. Sie hat keinen Heulsusen-Report verfasst, sondern darüber sinniert, ob »Wein, Weib, Gesang« der Männerwelt auch im Jahr 2013 noch toleriert werden.

Die eigentliche Debatte hatte zuvor eine junge Kollegin vom *Spiegel* eröffnet. Die Redakteurin Annett Meiritz rief mich im Februar 2012 an und fragte, wie das bei mir so mit der Anmache qua Amt in der Bonner Zeit gewesen sei. Sie werde von den Männern der Piratenpartei angegriffen. Man unterstelle ihr, sie sei eine »Prostituierte«, die mit dem »Tittenbonus« (Frauenquote) Karriere mache. Ihr Vergehen: Sie hatte gewagt, auf *Spiegel Online* einen kritischen Artikel über die Piraten ins Netz zu stellen.

Ich wollte es nicht glauben. Von alten Schlachtrossen wie Brüderle war eigentlich nichts anderes zu erwarten. Brüderle hatte lediglich ein Verhalten neu belebt, das noch vor wenigen Jahren zu den selbstverständlichen Rechten des Mannes gezählt wurde. Aber die jungen Männer der Piratenpartei an ihren Laptops? Sollte denen nichts anderes einfallen als ein technologisch überhöhter Sexismus 2.0?

Den jungen Frauen jedenfalls fällt heute zu Platzhirschen und Piraten viel mehr ein als uns Älteren damals. Und vor allem verstecken sie sich nicht mehr wie die meisten von uns. Sie trauen sich, sich öffentlich zu wehren. Die Solidarität unter Frauen hat bei diesen Themen eine ganz andere Dimension erreicht. Brüderles Rückfall in alte Tatsch-Zeiten etwa löste einen Twitter-Sturm aus. Ein einfacher Twitter-Eintrag zur Sexismusdebatte um Rainer Brüderle wurde zum Hashtag »Aufschrei« und damit zur Protestaktion gegen Sexismus im Alltag. Die Diskussion sprang vom Netz auf die Republik über. Binnen weniger Tage meldeten sich über 60 000 Frauen zu Wort. Sie tauschten sich über den alltäglichen Sexismus in ihrem Leben aus und berichteten über selbst

Erlebtes. Sie alle zeigen mehr Mut, als wir ihn in den achtziger Jahren aufbringen konnten. Annett Meiritz reagierte denn auch äußerst gelassen, als sie im *Journalist* im März 2013 gefragt wurde, ob sie sich selbst in ihrem Beruf je schutzbedürftig gefühlt habe: »Nie, ich war höchstens mal perplex, wenn versucht wurde, mich über Äußerlichkeiten zu verunsichern. Aber nach einer irritierten Sekunde ging es stets weiter. Was mich daran ärgert, ist, dass ich mein Verhalten stets reflektieren soll, nur weil es andere mit ihrem nicht tun. Es ist doch nicht meine Aufgabe, den Gesprächspartner zu erziehen. Sicher setze ich Grenzen, diese Souveränität ist eine Kernkompetenz jeder modernen Frau.«

Kernkompetenz? Souveränität? Ob die in ihren alten lila Empörungszirkeln oder auch die in Berlin eigentlich wissen, wie die jungen Frauen heute ticken? Beeindruckt erzählte mir meine Freundin von einem Vorfall in ihrer Firma. Ihr Chef hatte ihre junge Kollegin darauf hingewiesen, dass an diesem Abend wichtige Kollegen mit ihnen essen gehen wollten. Den Nachsatz sprach er leise, aber mit deutlicher Aufforderung: »Zieh ruhig deinen String-Tanga an.« »Ich hab den Atem angehalten«, so meine Freundin und erzählt weiter: »Weißt du, was die geantwortet hat? Die hat sich ganz cool umgedreht, ihn lange angeguckt und gefragt: ›Für welchen Teil des Geschäftsabschlusses?‹ Der hat kein Wort mehr gesagt.«

Es gibt sie also immer noch, die kleinen und großen Übergriffe, die sexistischen Andeutungen und unverschämten Aufforderungen. Aber ich bin mir sicher, dass die Dunkelziffer, die früher bei nahezu 100 Prozent lag, in einen unteren zweistelligen Bereich gefallen ist. Denn Fälle wie jener, den der Sprecher eines Magdeburger Ministeriums uns jüngst bescherte, werden eben nicht mehr aus Scham oder Angst vor nachteiligen Folgen für die Frau verschwiegen.

Eine junge Radiomoderatorin hatte beruflich mit dem Herrn von der Presseabteilung zu tun. Nachmittags bekam sie eine SMS vom Ministeriumssprecher. Doch statt zusätzlicher Informationen hatte der ein Foto geschickt, das er auch noch selber kommentiert hatte. Auf dem Foto war sein erigierter Penis zu sehen. Zu meiner Zeit in Bonn hätte die Empfängerin je nach Temperament einen Tobsuchtsanfall bekommen oder wäre vor Scham im Boden versunken. Jedenfalls hätte sie den sexistischen Angriff allenfalls ihrer besten Freundin gebeichtet. Die Radioreporterin jedoch verklagte den Pressesprecher. Sein Name wurde gerichtsfest bekannt und er wurde zu einer Strafe von 1 000 Euro verdonnert.

Der spanische Regierungsbeamte José Manuel Castelao, Ex-Präsident des Generalrats für im Ausland lebende spanische Staatsbürger, musste sogar zurücktreten, nachdem er wegen einer frauenfeindlichen Bemerkung angeklagt worden war. »Mit den Gesetzen ist es wie mit den Frauen«, hatte Caballero José Manuel Castelao zum Besten gegeben, »sie sind da, um vergewaltigt zu werden.«

Und ein Shitstorm fegte dem amerikanischen Hedgefonds-Manager Paul Tudor Jones Anfang 2013 um die Ohren, als er mit einer besonders abfälligen Bemerkung Frauen mit Kindern die Fähigkeit absprach, im Finanzgetriebe an der Wall Street zu bestehen. Mit seiner an Dämlichkeit kaum zu überbietenden Bemerkung (»Sobald die Lippen des Babys die Brust der Frau berühren, kannst du es vergessen«) machte er sich nicht nur lächerlich, er musste auch noch kübelweise Häme ertragen. So twitterte Stephanie Ruhle, Moderatorin bei Bloomberg TV und ehemalige Investmentbankerin: »Ich bin so enttäuscht von den Äußerungen von Paul Tudor Jones über Frauen, aber ich bin zu beschäftigt mit dem Stricken von Babyschühchen, als dass ich meine Gedanken dazu äußern könnte.«

Die Frauen halten nicht mehr still. Sie wehren sich. Sie klagen, sie veröffentlichen. Das alte Tauschgeschäft der Gockel »Macht gegen Sex« ist ein Geschäftsmodell von gestern. Und damit entschlummert hoffentlich so nach und nach das ganze Thema. Was nicht heißt, dass es Ausreißer wie Brüderle immer wieder geben wird.

Es ist offenbar wirklich an der Zeit, unseren guten alten Feminismus mit neuen Inhalten zu füllen. Reaktionen von Alice Schwarzer bis Charlotte Roche auf Probleme der Frauen heute zeigten ihr, »dass Feminismus zu viele Gesichter hat, um den Begriff einfach zu übernehmen«, erläutert die junge Kollegin Annett Meiritz. Deshalb täte sie das auch nicht. Denn sie mag, wie die meisten in der nachwachsenden Frauengeneration, »keine Etiketten«.

Also machen wir Schluss mit den Klischees, werfen wir die Pauschalisierungen, ob sie nun den Mann oder die Frau betreffen, über Bord. Die »Methode Brüderle« jedenfalls hat ausgedient. Da sind sich junge Frauen und Männer einig. Und je mehr sich die Werte, Wünsche und Bedürfnisse von den alten Klischees entfernen, desto deutlicher wird sich das im allgemeinen Zusammenleben der Geschlechter wiederfinden. Mit etwas Optimismus lässt diese Erkenntnis den Schluss zu, dass die bürgerliche Gesellschaft gerade dabei ist, ihre Umgangsformen zwischen Mann und Frau neu auszuhandeln. Ein Update ihrer Umgangsformen, eine Neufassung von respektvollem Umgang zwischen Mann und Frau – das wäre schon was! Und dazu bedarf es nicht nur neuer Männer, wie die Feministin Lisa Ortgies kürzlich behauptete. Dazu bedarf es auch neuer Frauen.

Männer sind keine Feinde

»Manche Männer bemühen sich lebenslang,
das Wesen einer Frau zu verstehen.
Andere befassen sich mit weniger
schwierigen Dingen, z. B. der Relativitätstheorie.«

Albert Einstein

Die heilige Kuh der Emanzipation, dass die Frau das Monopol auf jegliche Benachteiligung hält, ist alt und zäh geworden und taugt allenfalls noch für die Suppe. »Bist du zufrieden, wenn ich in etwa zwanzig Jahren auch für eine Quote kämpfe?«, antwortete meine Tochter auf eine nicht ganz ernst gemeinte Stichelei, dass sie nun achtzehn geworden sei und langsam beginnen müsse, sich mit Frauensolidarität zu befassen. Und dann sagte sie mir herablassend-freundlich noch, wofür sie demonstrieren würde: für eine Männerquote in der Kosmetikausbildung. »Weißt du eigentlich, dass männliche Mannequins auf dem Laufsteg einen Bruchteil von dem verdienen, was die Heidi Klums dieser Welt bekommen? Wer geht denn für die auf die Straße? Niemand!«

Arme Frau, böser Mann – oder heute auch umgekehrt? Der Feminismus der siebziger Jahre hat den Frauen viel Gutes gebracht, aber auch für viel Krach in der Mann-Frau-Beziehung gesorgt. Da gab es einseitige Frauenförderung ebenso wie übertriebene Männerabwertung. Heute scheint die radikale Konzentration auf Frauenfragen zunehmend einen sinnvollen Fortschritt zu verhindern. Es ist bei manchen Frauen schwer zu vermitteln, aber im Laufe der Beschäftigung mit dem Thema und der Erkenntnis, wie der weibliche Teil der Generation Y es handelt, komme ich immer mehr zu der Überzeugung: Frauen allein können die Gesellschaft nicht ändern, indem sie ohne Rücksicht auf Verluste nur ihre eigenen Interessen durchsetzen. Ebenso wenig gelang und gelingt dies übrigens auch Männern.

Ich formuliere es denn mal vorsichtig so: Nicht ausschließlich die Männer sind an allem Unglück der Welt, vom miesen Sex bis zur krisengeschüttelten Wirtschaft, schuld. Manchmal sind wir auch daran beteiligt. Bis spätestens Mitte der neunziger Jahre erreichte die Frauenbewegung vieles: gleiche Rechte, gleichen Lohn (auf dem Papier zumindest) und vor allem eine hohe Aufmerksamkeit in Politik und Medien für die Probleme der weiblichen Hälfte.

Nach Meinung der österreichischen Psychotherapeutin Christine Bauer-Jelinek, Expertin für das Coaching von Menschen auf der Karriereleiter, bedroht ein ausufernder Feminismus sogar »den Zusammenhalt der Gesellschaft«. Sie kritisiert eine ihrer Meinung nach inzwischen überzogene Bevorzugung der Frauen. Noch in den siebziger Jahren hat sie selber als Lehrerin und Psychotherapeutin für die Forderungen der Linken und der Frauenbewegung gekämpft. Doch jetzt hätten die Frauen der westlichen Welt alles Wichtige erreicht, sagt sie. Gleichberechtigung und Chancengleichheit seien in nahezu jedem Lebensbereich umgesetzt. Aber das sei den Hardcore-Feministinnen immer noch nicht genug. Diese beharrten weiterhin darauf, so Christine Bauer-Jelinek in ihrem Buch »Der falsche Feind«, dass alles einer verkrampft zwanghaften Gleichverteilung unterworfen werden müsse: für Frauen die Hälfte der Einkommen und für die Männer die Hälfte der Familienarbeit. »Der Rechenstift regiert vom Arbeitsplatz bis in die Ehebetten«, entrüstet sie sich.

Wie das mit Halbe-Halbe im Ehebett funktionieren soll, habe ich allerdings nicht verstanden. Und meinen Mann mag ich nicht fragen. Der macht dann eh nur dumme Witze. Was mir an Bauer-Jelineks Argumentation einleuchtet, ist, dass zwanghafte, oder besser: erzwungene Gleichverteilung Frauen und Männer gleichermaßen überfordern muss.

Während die vielen möglichen Rollen und Identitäten für Frauen also langsam, aber sicher gesellschaftlich akzeptiert sind, werden in gleichem Maße die seit Jahrhunderten gepflegten männlichen Identitäten stetig brüchiger. Was geschieht, wenn sich heutzutage eine Frauenbeauftragte auch um den Mann sorgt, das war 2012 in Goslar zu beobachten. Als die dortige Gleichstellungsbeauftragte Monika Ebeling begann, sich für die Lösung gesellschaftlicher Probleme von Mann und Frau einzusetzen, wurde sie auf Druck von Feministinnen aus dem Amt gejagt. Das ist nicht wirklich eine Ruhmestat der Frauenbewegung.

Der junge Nachwuchs des Feminismus verfolgt jedenfalls nicht mehr das Ziel, früher selbstverständlich Frauen vorbehaltene Zuständigkeiten gegen die Männer zu verteidigen. Etwa die Meinungs- und Gefühlshoheit, wenn es um das Glück und das Leben ihrer Kinder geht. Sie fordern eine Emanzipationsbewegung der Männer und eine neue Rollendiskussion, um zu einer kreativen und friedfertigen Geschlechterdemokratie zu gelangen.

Zur Klarstellung: Das Bild vom Mann als miese Entgleisung der Schöpfung haben nicht die Feministinnen erfunden. Die Philosophie vom schlechten, unmoralischen Mann ist weit älter. Christoph Kucklick hat für *Spiegel Online* das Männerbild der letzten drei Jahrhunderte betrachtet. Das Ergebnis seiner Recherche passt in mein eigenes Bild: Es war so um 1800, zu Beginn der Moderne, als das Mannsbild als selbstverständlicher Herrscher der Welt in Verruf geriet. Der Elite der Philosophen – Humboldt, Fichte, Kant – erschien der Mann plötzlich nur noch als ein »Stück kalter Vernunft«, in dem laut Humboldt »Härte und Gewalttätigkeit« regierten. Einfach nicht kompatibel. Heute ist sie wieder da, die Skepsis der Herren Kant und Co., was ihr eigenes Geschlecht anging. Der Mann und seine Eigenschaften werden ursächlich für viele der heutigen Probleme verantwortlich gemacht. »Die Wirtschaftskrise ist vor allem eine Krise der Männer«, schrieb das *SZ-Magazin* ohne jeden Beleg – so Kucklick. Und die *Financial Times Deutschland* träumte von den »Ausputzfrauen«, die die »Trümmer der Männer wegräumen«. Kucklicks Resümee daraus trifft den Kern: »Wenn's nur so schlicht wäre.«

So wenig wie wir alle Putzfrauen sind, und diese Erkenntnis setzt sich langsam durch, so wenig sind die Herren der Schöpfung alle Alphatiere. Darüber nachzudenken lohnt sich, wenn man die »Ihr könnt mich mal«-Menschen gesellschaftlich einfangen will. Denn genau die haben keine Lust mehr auf Kategorien und Klischees, die zudem aus grauer Vorzeit ohne iPod und iPad stammen.

Sigrid Reutter diskutiert im Münchner Memorandum für Frauen in Führung schon länger über dieses Thema und findet, »dass die alte Kategorie von männlichen Alphatieren eine Form von Dinosauriern« sei, also ausgestorben:

Sigrid Reutter

»Die neue Form der Definition, was persönlicher Erfolg ist und eine weibliche Form von Widerstand tradierten Normen und Haltungen gegenüber, wird auch zunehmend auf die Männer überschwappen, weil auch diese mit der althergebrachten Art und Weise ihrer Rollenzuschreibung nicht mehr einverstanden sind. Männer werden ein erweitertes Verständnis von Mannsein und der Bedeutung, was Erfolg im Leben ist, für sich definieren, und dies wird eine neue Kategorie hervorbringen. Erste Trends sind auch hier erkennbar. Männer wollen nicht nur klassische Karrierehengste oder/und Väter sein, sondern auch (wieder) einem selbstbestimmten individuellen Weg folgen. Wir sind am Beginn einer Revolution einer gleichberechtigten Koexistenz von Männern und Frauen und einem neuen Miteinander. Beide Geschlechter wissen um die besonderen Stärken des anderen und schätzen diese als Bereicherung in der Vielfalt. Dafür müssen sich die Rahmenbedingungen in Gesellschaft, Wirtschaft und Staat grundlegend verändern.«

Endlich! Doch eine Revolution! Die Revolution der gleichberechtigten Koexistenz von Mann und Frau. Die Bezeichnung ist nun nicht sehr eingängig. Da wäre noch was zu verbessern. Wie wäre es mit: Macht's doch mal gemeinsam! Aber sonst gefällt mir die Idee. Vielleicht kämpfen wir ja zur Abwechslung mal Seite an Seite mit den Männern, und nicht nur gegen sie.

Buchautorin Barbara Bierach schlägt vor, wir sollten da vielmehr gemeinsam machen. Männliche Opt-outer gibt es mittlerweile auch, und die hätten es richtig schwer: »Karriereabbrechende Männer werden viel eher als Aussteiger, Loser oder Feigling wahrgenommen (besonders auch von den Gattinnen der weiterkämpfenden Kollegen!). Ein Mann muss seine Karriere irgendwie durchstehen, oder er gilt als Versager; eine Frau kann sich aufs Frausein zurückziehen und wird dafür von der Schwiegermutter auch noch gelobt. Zweitens wissen wir ja gar nicht, wie viele Männer am Ende auch umsteigen. Aus den oben genannten Gründen vielleicht weniger radikal als die Frauen, aber auch viele Männer erleben Karrierebrüche, wechseln die Branche oder das Lebensmotto, tun wir doch nicht so, als ob alle Männer auf Karriere um jeden Preis gepolt wären.«

Wir sollten umlernen. Und uns mal die Männer genauer anschauen. Bereits 2006 schrieb Eva Welskop-Deffaa, damals Abteilungsleiterin im Bundesministerium für Familie, Senioren, Frauen und Jugend, dass die Zeiten einer männerblinden Gleichstellungspolitik vorbei seien. »Das Niedersächsische Gleichberechtigungsgesetz spricht von der Beseitigung der Unterrepräsentanz eines Geschlechts und nicht mehr ausschließlich von der Unterrepräsentanz der Frau.«

Das Ende des ideologischen Feminismus ist nahe

Wie viele Alphatiere passen in eine Herde?
»Mama, kann eigentlich auch ein Mann
Bundeskanzler werden?«

Frage der siebenjährigen Tochter
der Spiegel-Autorin Christiane Hoffmann 2013

In der sich verändernden Gesellschaft suchen gerade die jungen Männer ihren Platz. Sie wollen nicht mehr zum Alphatier erzogen werden und breitbeinig wie John Wayne durch die Welt stapfen. Das ist anstrengend. Denn das Alphatier kann ja alles, weiß alles und muss das auch noch immer und überall beweisen. »Alles Quatsch. So sind wir doch gar nicht«, meinen Alphatiere oder solche, die es sehr aktiv nicht sein wollen. Jon Christoph Berndt, Chef der Markenberatung brandamazing in München, ist sich sicher: »Der Mann ist noch nie das herbeigeredete ›Alphatier‹ gewesen. Er wäre es nur zu gern, und es ist so schön einfach, diesen Mythos zu pflegen. Aber: Wie viele Alphatiere passen eigentlich in eine Alphatierherde? Und: Gibt es da dann das Alpha-Alphatier?« Deshalb würde das Opting-out auch bei den Männern kommen, weil viele von ihnen schon jetzt genauso litten wie die Frauen: »Sie brauchen aber länger dafür, es sich zuerst einzugestehen, es dann auch öffentlich zuzugeben und schließlich etwas zu ändern.«

Schriftsteller Walter van Rossum erzählt mir von den neuen Alphatierchen. Er ist davon überzeugt, der Mann sei gewiss nicht als Alphatier geboren, sondern darauf dressiert. Ich kenne übrigens mehrere Männer, die sogar ausdrücklich die Karriereleiter wieder eine Sprosse herabgestiegen sind. Vom Abteilungsleiter zurück ins gewöhnliche Redakteursrudel zum Beispiel. Und sie sind damit glücklicher, wenn auch nicht glücklich geworden.

Ralf Bönt stellte 2012 in seinem Buch »Das entehrte Geschlecht«

die Frage nach »Memme oder Kerl« – und stellt leicht ironisch und selbstkritisch fest:

> »Männer sind heutzutage arg benachteiligt: Sie sterben früher, sind einsam, und mancher mag übervolle Busse, steht gern im Gedränge oder geht zur Physiotherapie, nur um mal angefasst zu werden. Die Geschichte war typisch: Mein Nachbar musste seine Waschmaschine in den vierten Stock bringen. Er hatte mich und einen zweiten Helfer geholt und betonte mehrmals schuldbewusst, er könne leider nicht mit anfassen wegen einer Bandscheibenvorwölbung. Wir hatten eine Sackkarre, mussten die Maschine oben aber bis zum Badezimmer um zwei enge Ecken tragen. Als es in der Wohnung nicht weiterging, ohne das Ding auf Brusthöhe zu hieven, standen seine Frau, seine Schwägerin und noch eine Nachbarin dabei. Alle drei Frauen sahen ihn an, und er erklärte sich abermals entschuldigend. Aber als wir die Maschine zu zweit nicht absetzen konnten und ins Schwitzen gerieten, griff er zu. Zwei Stunden später lag er, mit Schmerzmitteln vollgepumpt, im Krankenhaus. Bandscheibenvorfall.«

Des Mannes größter Fehler sei, so Bönt, nirgends einen eigenen festen Platz zu beanspruchen. Der Mann, jedenfalls der alten Zuschnitts, hat keinen sicheren Ort mehr. Selbst beim Militär nicht, auch wenn sich dort noch am ehesten männliche Allmacht und Überheblichkeit leben lässt. »Nehmen Sie mal Haltung an« funktioniert heute nicht mehr. Weder bei Männchen noch bei Weibchen.

»Gleichstellungspolitik wird von der jungen Generation überwiegend als Reparatur- und Subventionspolitik für Frauen wahrgenommen«, hieß es in einer Pressemitteilung des Bundesfrauenministeriums vom 26. September 2007, »nicht als Politik für beide Geschlechter. In ihrer Wahrnehmung werden Männer von der

Gleichstellungspolitik nicht berücksichtigt.« Im selben Jahr hatte das Ministerium die Studie »20-jährige Frauen und Männer heute« herausgegeben, die zu einem ähnlichen Ergebnis führte. Dort heißt es: »Die jungen Männer betonen die Ambivalenz der Emanzipation. Sie betonen die Wichtigkeit, wollen aber auch auf Kehrseiten für sie selber hinweisen. Sie sehen die Verbesserung für Frauen – aber keine positiven Aspekte für Männer. Im Gegenteil: Männer sind heute nicht mehr nur in Bezug auf Berufswahl und Arbeitsmarkt verunsichert, sondern auch im Privaten haben sie alle Sicherheiten verloren.« Junge Männer äußerten sogar die Befürchtung, »bald gesellschaftlich überflüssig zu werden«.

Christoph Kucklicks erkannte 2012 in seinem *Spiegel*-Essay »Geschlechterdebatte: Der Mann, das Tier« sehr treffend den Unsinn der Geschlechterklischees. Als Beispiel nennt er das Weltwirtschaftsforum in Davos. Dort habe man tatsächlich die Diskussion um das Mann-Frau-Problem auf die einfache Formel bringen wollen: »Sechs globale Herausforderungen, eine Lösung: Frauen«. Kucklick fasst diese erhellende Erkenntnis zusammen: »Männer machen Probleme, Frauen machen heile.«

Egal wie spöttisch wir es betrachten: Ich glaube, wir können und sollten das Männer-Frauen-Bashing beenden.

Kerle pro Quote – ein Experiment, initiiert von Frauen

»Ein kluger Mann macht nicht alle Fehler selbst.
Er gibt auch anderen eine Chance.«

Winston Churchill

Der Anfang ist schon gemacht. 2012 fanden Anja und Andrea Lottmann, nun sei es genug mit dem Gezerre um die Frauenquote. Ihr Plan: Sie wollten mit männlicher Unterstützung der einseitigen Diskussion um die Frauenquote neue Dynamik verleihen. Sie gingen online mit dem Aufruf »Kerle pro Quote« und begründeten dies so:

Anja und Andrea Lottmann

»Wir haben erkannt, dass es im 21. Jahrhundert bei dem ganzen Thema Frauenquote um etwas viel Größeres gehen muss, nämlich um die komplette Gleichstellung von Männern und Frauen auf allen gesellschaftlichen Ebenen. Und in dieser Diskussion vermissen wir die Männer. ›Kerle pro Quote‹ ruft Männer dazu auf, sich aktiv in diese Auseinandersetzung einzumischen und klar Stellung zu beziehen für ihre Frauen, Töchter, Mütter, Freundinnen, Kolleginnen. Sie sollen die gleichen Chancen, Rechte und Möglichkeiten haben. Aber wir brauchen die Männer darüber hinaus auch in den Schulen, Kindergärten, Familien, der Pflege und anderen von Frauen dominierten Feldern.«

Der Plan ging verblüffend schnell auf. Bisher sind die Herren Seehofer, Brüderle oder auch Lanz und Bohlen noch nicht auf der Unterzeichnerliste zu finden. Und so schnell wird damit auch nicht zu rechnen sein. Doch hier ist eine Entwicklung denkbar, die die leicht angeschimmelte Quote zwar nicht wieder verdaubar macht, aber als Wegmarke anzuerkennen, von der aus wir weitergehen können. Da findet sich dann zum Beispiel plötzlich Sören Müller, ehemaliger Vorstand der Beate Uhse AG (verheiratet, Kinder), als Unterstützer der »Gesamt-Idee«: »Ich bin gegen eine Quote, aber für absolute Chancengleichheit beider Geschlechter. In unserer Branche sehen wir, dass Frauen immer mehr an Selbstbewusstsein gewinnen, weibliche Sexualität ist kein Tabu mehr. Da sollten es Frauen in Führungspositionen auch nicht mehr sein. Personalthemen nach Geschlecht zu entscheiden – die Zeiten sind längst vorbei. Jetzt gilt es, dass Frauen wie Männer sich einfach trauen!«

Und genau das, da bin ich mir sicher, wird die Generation Y tun. Meine Schulkameradin Dagmar Mörsdorf, Biologie-Professorin an der Universität Köln, hat sich immer in einem großen Männerhaufen profiliert. Das sei so bald nicht mehr nötig, hofft sie optimistisch für den Nachwuchs: »In der Generation, die am Berufsanfang steht, ist eine gewisse Ablehnung bzw. Distanziertheit zum Karriereweg als Lebensmittelpunkt – unabhängig ob Frau oder Mann – zu beobachten. Wahrscheinlich gibt es viele erschreckende Beispiele, eine gewisse materielle Sättigung u.a., die eine Verschiebung der Leistungsbereitschaft fördert.« Und genau das wäre der richtige Weg: »Dies halte ich für den Nährboden, Karrierewege zu finden, die mehr im Einklang mit männlichen und weiblichen Verhaltensmustern sind.«

Wie könnte eine Gesellschaft aussehen, in der Frauen sich auch beim Aufstieg wohl fühlen und ihre Erfüllung finden? In der der Begriff »Karriere« auch für Frauen seinen positiven Klang behält? Dazu noch einmal unsere Familienministerin:

Manuela Schwesig

»Es muss auch in unserer Gesellschaft endlich zur Normalität werden, dass auch Führungskräfte aktive Väter oder Mütter sind und Zeit brauchen für ihre Familie. In Ländern wie zum Beispiel Norwegen oder Schweden ist es völlig selbstverständlich, dass auch der Chef oder die Chefin eine Sitzung um 17 Uhr verlassen muss, weil er seine Tochter von der Kita abholen muss. Dahin müssen wir auch kommen. Aber auch Menschen, die keine Kinder haben, brauchen neben dem Beruf Zeit für sich, für ihre Freunde, für ihre Hobbys. Karriere darf nicht länger gleichgesetzt werden mit der völligen Aufgabe des Privatlebens. Viele Unternehmen haben das längst begriffen und legen großen Wert auf erfahrene und ausgeglichene Mitarbeiterinnen und Mitarbeiter, die nicht blindlings dem Burn-out entgegensteuern. Wir brauchen mehr Frauen in den Führungsetagen, auch weil wir gute Vorbilder brauchen, die deutlich machen: Karriere heißt nicht, die eigenen beruflichen Ansprüche und Vorstellungen aufzugeben und männlichen Verhaltensmustern nachzueifern. Im Gegenteil: Wir brauchen mehr Frauen auf Führungspositionen, damit sie dazu beitragen können, die Arbeitskultur in den Unternehmen zu verändern. Ich bin mir übrigens sicher, dass auch Männer von diesen Veränderungen profitieren. Denn es gibt heute zum Glück immer mehr junge Väter, die aktiv am Familienleben teilhaben und sich nicht mehr auf die Ernährerrolle reduzieren lassen wollen. Mehr Partnerschaftlichkeit auf Augenhöhe in Beruf und Familie – das muss das Ziel sein.«

Auch von all den hoffnungsfrohen Jungs landet nur ein Bruchteil im Vorstandsbüro

> »Wenn ein Mann zurückweicht, weicht er zurück.
> Eine Frau weicht nur zurück,
> um besser Anlauf nehmen zu können.«
>
> *Zsa Zsa Gabor*

Ausgerechnet im Fußball entdeckte der *Spiegel* 2013 zu Zeiten des bevorstehenden deutsch-deutschen Champions-League-Finales in Wembley einen neuen Männertypus. Fußballhelden der Neuzeit wie Philipp Lahm oder Bastian Schweinsteiger fehle der Schuss machohafter Männlichkeit, der die Sieger der Vergangenheit ausgezeichnet hätte, so philosophierte das Wochenmagazin. Tatsächlich seien sie Typen, die »nicht laut, sondern zurückhaltend angepasst« seien. Früher seien Spieler durch eine harte kraftvolle Spielweise aufgefallen und öffentlich zelebrierte Frauengeschichten hätten sie zu echten Männern gemacht, Alphamännchen eben. Spielerpersönlichkeiten nannte man die im Fußballdeutsch. Lahm und

Schweinsteiger sind auch Persönlichkeiten, aber eben auch die netten Jungs, die sonntags zur Oma gehen und deren selbstgebackenen Kuchen loben. Die könnten die ganz großen Finals nicht gewinnen, vermutete der *Spiegel*. Die Beta-Fußballer haben trotzdem gewonnen.

Nicht nur auf dem Fußballfeld startet der weiche Mann durch. Die »Super-Männchen« nannte die ZEIT jenen neuen Typus von Spitzenmanagern, der mit den alten Haudegen wie Ex-Mercedes-Chef Jürgen Schrempp oder dem lauten Sprecher der Deutschen Bank Hilmar Kopper nichts gemein haben, außer vielleicht die Höhe des Gehalts. Die ZEIT nennt Beispiele. Lufthansa-Chef Christoph Franz etwa, der auf protzige Chefautos verzichtet und bescheiden und unauffällig mit der S-Bahn daherkommt. Oder Kasper Rorsted. Der Chef des Düsseldorfer Henkel-Konzerns pflegt mutterseelenallein mit einem schwarzen Rollkoffer durch die Welt zu reisen und seine Kunden zu besuchen. Oder BASF-Chef Kurt Bock und Marijn Dekkers von Bayer. »Die Alphatiere sterben aus«, zitiert die ZEIT den früheren Deutschlandchef von McKinsey, Herbert Henzler. Als »gut vernetzt, nicht so auffällig, immer gut vorbereitet, flexibel, global und schnell« beschreibt Martina Rißmann, Senior-Partnerin bei der Boston Consulting Group in Berlin, die modernen Spitzenmänner. »Die neuen CEOs sind Anti-Alphas«, resümiert die ZEIT 2012, »sie sind Beta-Buben.«

Das neue Selbstbewusstsein von Mann und Frau entlarvt verstaubte Klischees und Statussymbole. Ich entdecke, dass auch Sozialforscher sich von einfachen Klischees vorsichtig verabschieden. Frauen sind kommunikativer? Falsch. Männer und Frauen reden etwa gleich viel. Männer sind gewalttätiger? Keineswegs. Zumindest nicht in familiären Beziehungen, wo Frauen »zu einem fast gleichen Anteil wie die Männer« Täter seien, wie der Politologe Peter Döge anschaulich schildert. Frauen sind von höherer ethischer Qualität? Nein, sie antworten nur eher so, wie es sozial erwünscht ist.

So entdeckt die Berliner Wissenschaftspolitikerin Hildegard Matthies deutliche Hinweise »auf einen Wandel in den Strukturen«. Da seien zunehmend »Anzeichen der Verunsicherung seitens der Männer, die feststellen, dass die Karriere auch nicht mehr so glattgeht, wie sie es erwarteten, und dass sie anfangen müssen, ernsthaft mit den Frauen zu konkurrieren«. Die beidseitige Geschlechtergerechtigkeit »bekomme eindeutig einen viel höheren Stellenwert im Bewusstsein«.

Gerechtigkeit der Geschlechter? Ja. Genau. Dann bitte in beide Richtungen. Wenn Männer heutzutage unsere hart erkämpften weiblichen Privilegien auch für sich erobern wollen, dann haben sie es noch richtig schwer. Emanzipierte Männer, die sich für die Familie eine Auszeit nehmen wollen oder gar die Babypause nicht für eine ausschließlich weibliche Angelegenheit halten, müssen immer noch allerhand über sich ergehen lassen.

»Dem ham se die Eier abjeschnitten«, war die einhellige Meinung, als ein junger Anwalt und seine Freunde in der Kneipe von den Vorgängen in ihrer Berliner Anwaltskanzlei erzählte, »und zwar mit Schmackes.« Was war passiert, dass der junge Kollege Peter N. offenbar brutal entmannt worden war? Der frischgebackene Doktor der Jurisprudenz war Vater geworden. Und weil die junge Mutter, seine Frau, genauso an ihrer Karriere bastelte wie er an seiner, hatte Peter seinen Chef um ein halbes Jahr Babypause gebeten. Der hatte ihn gar nicht erst ausreden lassen und den jungen Vater mit einem Satz auf den Boden zurückgeholt. »Dann ist Ihre Karriere zu Ende«, versprach der Boss. Peter N. hielt den Mund und blieb. Denn es gilt noch: Kaum ein Mann wagt es, mehr als die mittlerweile etablierten zwei Monate Elternzeit einzufordern. Inzwischen gilt es durchaus als *political correct*, wenn der Chef Frauen bei der Elternzeit entgegenkommt. Aber Männer mit solchen Wünschen?

Ich fragte Michael Brauch, Vorsitzender des Geschäftsführenden Ausschusses der Arbeitsgemeinschaft Internationaler Rechtsverkehr des Deutschen AnwaltVereins und Partner einer großen

Münchner Rechtsanwaltskanzlei, wie er denn reagieren würde, wenn einer seiner hochdotierten Mitarbeiter früher Schluss machen würde mit der Begründung: »Ich muss nach Hause. Mein Kind ist krank.« Der erfolgreiche Anwalt zögerte keine Sekunde mit der Antwort. »Ich würde ihn fragen: ›Haben Sie denn keine Frau zu Hause?‹« Ich frage seine Tochter Florence, selbst Anwältin, was sie denn von Vaters Antwort halte. Sie grinst liebevoll und findet ihren altmodischen Herrn Papa »eben ein kleines bisschen von gestern«.

Wenn sich bedeutende Männer vor allem aus der Politik in der Vergangenheit in der Öffentlichkeit damit brüsteten, einen Karriereteil für die lieben Kleinen zu Hause zu opfern, dann hatte das meistens auch etwas mit Selbstvermarktung zu tun. Statt Karriereverzicht hofften die Herren, die sich als Familienmensch outeten, eher auf Karriereförderung. Wie etwa der SPD-Vorsitzende Sigmar Gabriel im Sommer 2012, als er noch nicht wusste, dass er Anfang 2014 in einer großen Merkel-Koalition Vizekanzler und Wirtschaftsminister sein würde.

Unter großer medialer Anteilnahme verabschiedete er sich damals in eine sechs Wochen dauernde Elternzeit. Das heißt, nicht ganz. Jedes seiner zahlreichen Interviews, die er in diesen sechs Wochen gab, begann mit Aussagen wie »Ich habe gerade Zeit, weil Mariechen gerade die Flasche bekommen hat« oder »Mariechen ist gewickelt und schläft jetzt«. Boshaft addierten missgünstige Frauen die so eingeleiteten Interviews und kamen zu dem Ergebnis, dass Mariechen ein Baby sein müsse, das tagelang ausschließlich schläft und Fläschchen trinkt.

Auch der ewig grüne und ewig wilde Daniel Cohn-Bendit, mittlerweile fast schon siebzig, empört sich gerne über die Ungerechtigkeiten zwischen Mann und Frau. In roten High Heels ließ er sich Anfang 2013 im *Spiegel* abbilden. Er kämpfte für die Gleichberechtigung mit dem stolzen Hinweis, er habe sich stets um das nächtliche Fläschchen seines Sohnes gekümmert.

Solche Versuche von Männern, mit geschlechterübergreifendem Gehabe zu punkten, wirken heutzutage auf die jungen Frauen und Männer der Stinkefinger-Generation nur albern. Das Besondere daran ist schon vor einiger Zeit verlorengegangen. Der SPD-Vorsitzende kann Windeln wechseln und Fläschchen geben? Ein antiker Grüner trägt rote High Heels, um sich für die Frauen starkzumachen? Gaga!

Aus Merkels neuer Regierungsmannschaft kommen allerdings Signale, die vermuten lassen, dass sich auch in höchsten Regierungskreisen etwas ändert. Gut, Sigmar Gabriels über die *Bild*-Zeitung verbreitete Ankündigung, dass er fortan jeden Mittwoch nach der Berliner Kabinettssitzung nach Goslar hetzen werde, um seine inzwischen zweijährige Tochter Marie von der Kita abzuholen, hatte noch ein wenig von altem PR-Gehabe. Aber es gibt durchaus deutlichere Zeichen, dass sich etwas tut im Männerstaate Deutschland.

Eine Frau wird Verteidigungsministerin. Das ist schon etwas Neues. Und diese Frau kümmert sich dann nicht etwa als Erstes um Milliardenverluste bei der Wehrbeschaffung. Nein, sie sorgt sich um die Familienfreundlichkeit ihrer Truppe, darum, dass auch ein Soldat oder eine Soldatin beides haben kann, Beruf und Familie. Und sie selbst, ließ Verteidigungsministerin Ursula von der Leyen wissen, werde selber auch schon mal von zu Hause aus ihre Truppe befehligen.

Oder der Fall Asmussen, hochbezahltes und noch höher angesehenes deutsches Mitglied im Direktorium der Europäischen Zentralbank in Frankfurt. Jörg Asmussen hat zwei Kinder, heute fünf und sechs, und eine berufstätige Frau. Als Mitglied der Führungsmannschaft der EZB standen dem anerkannten Finanzfachmann die Türen zur internationalen Finanzwelt offen. Doch Asmussen pfiff auf eine internationale Karriere und heuerte als schlichter Staatssekretär im Berliner Arbeitsministerium bei Andrea Nahles an. »Ausschließlich aus familiären Gründen« breche er seine steile

Karriere ab und verzichte auf 150 000 Euro Salär im Jahr, erklärte Asmussen auf Befragen. Man nimmt es ihm ab.

Solche Beispiele sind wichtig, damit das Thema nicht aus der öffentlichen Diskussion verschwindet. Ein Asmussen allein, der sich trotz Verlangsamung immer noch auf hohem Niveau bewegt und sich Verzicht locker leisten kann, reicht nicht aus. Umfragen belegen, dass die Zahl der Männer, die gerne in Elternzeit gehen möchten, bei fünfzig Prozent liegt. Tatsächlich aber nimmt nur jeder Vierte eine Auszeit für sein Kind. Eine Männer-Teilzeit-Quote von sagen wir vierzig Prozent für Unternehmen ab einer Mitarbeitergröße von 1 000 Mitarbeitern, das wäre doch ein guter Anfang und würde Männer ermutigen, ihren Teilzeitwunsch nicht nur zu träumen. Eine Quote für Y-Jungs mit Baby – das wäre mal etwas Neues.

Do it, but do it now, tomorrow might be a law against it

»Ja, ich hab die Klausur verhauen,
aber sie hat mich provoziert!«

Typischer Jungensspruch der Ypsiloner

Die Schauspielerin Iris Berben hat mich früher richtig aufgeregt. Ihre Geschichte, sie sei nie verheiratet gewesen, und auch im Alter als Fräulein Berben durchs Leben zu ziehen fände sie wirklich toll, fand ich absolut daneben. Sich gegen eine feministisch angehauchte Frauenbewegung zu stellen ist eins, mit ihr zu kokettieren etwas anderes. Dieser Schauspielerin ist wirklich nichts zu schade, um auf sich aufmerksam zu machen, dachte ich. Mittlerweile bin ich nicht mehr sicher, ob dieses attraktive Fräulein im Alter von 60+ auf diese Weise nicht mehr für die Frauenemanzipation tut als verbissene Frauenrechtlerinnen.

Sie holt das Thema, das viel zu lange von Aktivistin zu Aktivistin weitergereicht wurde, in den Alltag. Emanzipation sei, so hört man die Berben gerne erzählen, »vielleicht am Anfang zu sehr auf die Frau ausgerichtet« gewesen. Denn schließlich könnten die Frauen sich nicht alleine emanzipieren: »Das geht nur gemeinsam mit den Männern«, die ja auch längst nicht mehr seien, was sie einmal waren. »Denen hängt mittlerweile die Zunge heraus. Früher mussten wir mithalten, jetzt die Jungs«, sagt Iris Berben gerne mal in Interviews.

Auch die erfahrene Frauenrechtlerin Doris Lessing (1919–2013) findet, dass die Abwertung des Männlichen »so sehr Teil unserer Kultur geworden ist, dass sie kaum noch wahrgenommen wird«. Ihre Beziehung zur Frauenbewegung hatte sich längst weiterentwickelt und mich phasenweise irritiert. Aufgerüttelt durch die jungen Frauen um mich herum, verstehe ich erst jetzt, was sie 2007 im Vorwort einer Neuausgabe ihres Buches »Das goldene Notizbuch« schrieb:

»Um das Thema ›Woman's Liberation‹ hinter mich zu bringen – natürlich unterstütze ich sie, weil die Frauen, wie sie in vielen Ländern energisch und kompetent zum Ausdruck bringen, Bürger zweiter Klasse sind. Man kann sagen, dass sie Erfolg haben, und wenn auch nur bis zu dem Grade, dass man sie ernsthaft anhört. Alle möglichen Leute, die früher feindselig oder gleichgültig waren, sagen jetzt: Ich unterstütze ihre Ziele, aber ich kann ihre schrillen Stimmen und ihr gräuliches und unhöfliches Benehmen nicht leiden.‹ Dies ist ein unvermeidliches und leicht erkennbares Stadium in jeder revolutionären Bewegung: Reformer müssen damit rechnen, dass sie von denen abgelehnt werden, die nur allzu froh sind, zu genießen, was sie erreicht haben. Dennoch glaube ich nicht, dass die Frauenbewegung viel ändern wird – nicht, weil etwas mit ihren Zielen nicht stimmt, sondern weil es jetzt schon klar ist, dass die ganze Welt durch die Umwälzung, die wir jetzt erleben, in ein neues Muster geschüttelt wird: Möglicherweise werden die Ziele der Frauenbewegung zu dem Zeitpunkt, an dem wir ›durch‹ sind, falls wir überhaupt durchkommen, sehr geringfügig und altmodisch aussehen.«

Die Ziele der Frauenbewegung geringfügig und altmodisch? Kristina Schröder, die jüngste und glückloseste Frauenministerin aller Zeiten, warnte während ihrer Amtszeit, viele Feministinnen hielten Geschlechterpolitik für ein »Nullsummenspiel«, in dem Männer nur auf Kosten von Frauen Hilfe erhalten könnten – und umgekehrt. Als Beweis zitierte sie gerne eine umstrittene Aussage aus der *Emma*: »Wenn wir wirklich wollen, dass es unsere Töchter mal leichter haben, müssen wir es unseren Söhnen schwerer machen.«

Wie Kristina, unter vierzig, eher ungeschickt den Feminismus reformieren wollte, was Iris, über sechzig, gerne bei einem Glas Champagner in der bayrischen Metropole zum Besten gab, oder was Doris, mit über achtzig, nachdenklich formulierte, das alles ist tatsächlich mittlerweile im Feminismus angekommen. Und selbst gestandene Feministinnen schrecken nicht mehr vor der Frage zurück, ob wir es unseren Söhnen der neuen Generation Y nicht tatsächlich langsam zu schwer machen.

Sie schreien zumindest nicht mehr sofort automatisiert »alles männliche Verleumdung«, wenn etwa Ralf Bönt in seinem Buch den Alltag eines Vaters folgendermaßen schildert:

»Ein Freund erzählte mir kürzlich, wie die Polizei seine Personalien überprüfte. Dieser war mit seiner vierjährigen Tochter auf dem Spielplatz gewesen, direkt nach dem Büro, gut gekleidet. Dort richtete er ihr zweimal die beim Spielen im Sand verrutschte Wollstrumpfhose. Mein Freund griff seiner fröhlichen Tochter dazu unter den Rock. Beobachtende Mütter riefen die Polizei. Mein Freund musste sich als Vater ausweisen.«

Puh. Das geht in die falsche Richtung. Wir Deutsche regeln gerne, das ist bekannt. Und manchmal übertreiben wir es, auch das ist bekannt. Haben wir etwas als falsch erkannt, regeln wir es zügig, korrekt und gnadenlos weg. Ein Spruch aus meiner Jugendzeit lautet: »Do it, but do it now, tomorrow might be a law against it.« Gesetze für Frauen gibt es genug, Gesetze gegen Männer auch. Ein Gesetz, dass den Einsatz des gesunden Menschenverstandes gebietet, das fehlt manchmal.

Denn das, was gerade passiert, kann es nicht (mehr) sein. Knapp vierzig Millionen Männer hat das Land. Und die sollen alle auf einem Thron sitzen, von dem wir Frauen sie hinunterstoßen müssen, damit wir unser Recht bekommen? Im Familienministerium wurde 2009 das Referat Gleichstellungspolitik für Jungen und Männer eingerichtet. Doch während der Frauennotruf und die Gleichstellungsbeauftragte jeder mittleren Kreisstadt längst auch online zu kontaktieren sind, suchte ich noch 2012 das einzige Männerreferat Deutschlands vergebens. Auf der Homepage des Frauenministeriums vielleicht? Fehlanzeige. Unter der neuen Regierung soll dies nun alles besser werden.

Ex-Frauenministerin Schröder, die ihre christdemokratische Überzeugung »Danke, emanzipiert bin ich selber!« in einem umstrittenen, leider auch banalen Buch kundtat, rief 2012 zur »bisher größten internationalen Konferenz zum Thema Männerpolitik«. Die fand auch statt. Und weil die Geschichte manchmal ihre eigenen Witze macht, ausgerechnet im »Saal Femina« eines Berliner Hotels.

Männerpolitik als Ergänzung zur Frauenpolitik sei dringend gefordert, sagte die jugendliche Ministerin 2012. Ihre Vorgängerin Ursula von der Leyen hatte noch erklärt, Männerpolitik falle nicht in ihre Kompetenz. Also ein Fortschritt an oberster familienpolitischer Stelle der Republik.

Kristina Schröder versuchte sich in richtungsweisender Männerpolitik. Ihr sei es wichtig, »dass schon Kinder mit dem Gedanken aufwachsen, dass es unterschiedliche Arten des Mannseins gibt«. Und bei dieser Enthüllung blieb es dann auch.

Denn Schröders Männerpolitik konzentrierte sich vor allem darauf, Männer in Frauenberufe zu locken. Ihre Prestigeobjekte: »Mehr Männer in Kitas« und der »Boys' Day«. Beides übrigens Vorhaben, bei denen Männer für schlecht bezahlte Frauenberufe begeistert werden sollen.

Und damit die Frauen ihre Arbeitsplätze auch räumen, versprach sie ihnen dafür zur Belohnung die sogenannte Herdprämie – wenn frau zu Hause bleibt, nicht arbeiten geht und auf ihr Kind aufpasst, dann werde sie vom Staat unterstützt. Denn Mama mit Kind zu Hause ist weit besser als Kind unter fremder Obhut in einer Kita, wird behauptet. Selbst dem geschicktesten Politiker wird es wohl nicht gelingen, die Herdprämie als ein Programm zur Gleichstellung der Geschlechter zu verkaufen. Denn dafür wurde nicht einmal die mindeste Bedingung erfüllt. Wenn Papa zu Hause bleibt, bekommt er die Prämie nicht. Vielleicht weil der Gesetzgeber davon ausgegangen ist, dass der Mann nicht kochen kann? Das wäre eine Erklärung. Schließlich wird die neue Muttersubvention ja ausdrücklich Herdprämie genannt.

Dennoch bekommen junge Frauen nicht wie ich sofort schwarze Pickel, wenn sie an Frau Schröder denken. Etwa »Aufschrei«-Mitinitiatorin Kathy Meßmer (knapp dreißig). Gemeinsam mit ihren Kolleginnen hat sie Mitte 2013 für ihren Hashtag gegen Sexismus den Grimme-Preis gewonnen. Sicher nicht im Geruch CDU-nahe zu sein, gefällt es der jungen Feministin aber, dass genau diese Kristina Schröder »so ganz ohne Brimborium« ein Kind im Amt bekommt, es stillt, aufzieht und das »ganz ruhig und normal« hinkriegt. Sie nennt sie mir als eine »Art von Vorbild«. Die Ministerin beeindruckt auch die Studentin Aylin. Die angehende Physikerin findet es klasse, dass »Kristina jetzt einfach geht«, nach der Bundestagswahl 2013 nicht mehr Ministerin sein wolle und denen in Berlin damit sage, »ihr könnt mich mal«. Die sei karrierebewusst, aber sie ließe einfach nicht mehr »wie ein Mäuschen alles mit sich machen«. Und setze sich eben auch mal für Männer ein. Eine gute Freundin von mir lief rot an, als sie das hörte, und drohte mir das Ende unserer Freundschaft an, wenn ich in diesem Sinne weiterschreiben würde. Ihre Freundschaft ist mir viel wert. Also: Wir wollen jetzt auch nicht gleich übertreiben. Noch kämpfen die Männer nicht in einem deutschen Matriarchat um ihre Existenz.

Die Amerikanerin Hanna Rosin ging schon sehr weit, als sie 2013 behauptete, »das Ende der Männer« stehe bevor. Das Buch hat in Amerika eine hitzige Debatte ausgelöst: Sonderseiten im *Economist*, Interview im *Wall Street Journal*, Essay in der *New York Review of Books*, Titelgeschichte im Magazin der *New York Times*. Und das schwappte dann über den Ozean zu uns. Ihre These: Die jüngste Finanzkrise und der danach folgende Beschäftigungseinbruch hätten in den USA Lebensräume und -träume bis in die Mittelschicht zerschlagen. Die Männer seien geschockt, unfähig weiterzumachen. Pappkarton-Helden nennt sie die Entlassenen, die von jetzt auf gleich ihre Habseligkeiten aus dem Büro in einem Karton nach Hause tragen müssen. Die arbeitslosen Männer fallen in ein tiefes Loch, während die Frauen die Scherben zusammenkehren, die Kinder versorgen und auch noch die dafür nötigen Brötchen verdienen. Die Frauen haben die Herrschaft übernommen. Für die Ökonomien der Zukunft, so wird argumentiert, seien Frauen besser geeignet, weil es ihnen leichter falle, sich neuen Verhältnissen anzupassen. Der Mann soll überflüssig werden? Und das in einer Welt, die er selbst geschaffen hat? Abgehängt von einer neuen Spezies Trümmerfrauen, denen man nur ein paar Vorstandsprozente spendieren wollte?

Natürlich kann ich verstehen, wenn ein Mann solche Gedanken mit angemessenem Machogehabe quittiert, besonders wenn es der Ehemann ist. David Plotz, Rosins Angetrauter und Chefredakteur des Online-Magazins *Slate*, fragte denn auch: »Welcher

Teil unseres Lebens hat sie dazu gebracht, ein Verhängnis vorauszusagen, das mich und die Hälfte der Menschheit bedroht? Habe ich den Geschirrspüler falsch beladen?«

Dennoch verstärkt sich überall der Eindruck, dass es so schlecht um uns Frauen nicht bestellt ist. Deshalb ist einseitige Frauenförderung ein Instrument von gestern. Es ist einfach an der Zeit, dass Männer und Frauen sich weder als Feinde positionieren noch versuchen, den anderen nach dem eigenen Bild zu formen. Die Familienforscherin, Unternehmerin und Grünen-Politikerin Gisela Erler hat sich lange für die Gleichberechtigung eingesetzt. Irgendwann, so erzählt sie auf Veranstaltungen und in ihrem Buch »Schluss mit der Umerziehung!«, habe sie angefangen, die Verschiedenheiten zwischen Männern und Frauen nicht nur wahrzunehmen, sondern auch wissenschaftlich zu untersuchen: Körpersprache, Belohnungssysteme, Hierarchien. Ihr Fazit ist eindeutig: Die bisherige und damit auch ihre eigene Gleichstellungspolitik muss scheitern, weil sie die Unterschiede zwischen den Geschlechtern unterschätzt.

Klingt an solchen Stellen immer schön und passt auch immer: Wir müssen die Strukturen ändern. Ja. Wir müssen. Zu männlich, zu weiblich sind Kategorien, die uns nicht mehr helfen, unsere Gesellschaft gerechter zu machen. Meine jungen Mitschreiber, die mich durchs Buch begleiten, haben sich darüber Gedanken gemacht. Was falsch läuft, was junge Leute sich von uns wünschen, wie die Gesellschaft besser funktionieren könnte. Sie denken viel vernetzter, klarer und vor allem familienfreundlicher.

Daniela

»›Falsch‹ läuft meiner Meinung nach vor allem, dass gute Arbeit, Fleiß und Einsatz zu wenig anerkannt werden. Posen und Sich-gut-verkaufen-können werden überbewertet. Fraglich, ob es diese Problematik schon immer gab. Zudem spielen natürlich die Strukturen eine Rolle, wobei ich sie nicht mehr als so ›männlich‹ empfinde, ich würde es eher ›familienunfreundlich‹ nennen. Denn heutzutage ist es für eine Frau ohne Familie zwar immer noch schwieriger, die Karriereleiter hinaufzuschreiten, wie für einen Mann, aber die Schere schließt sich. Doch sobald eine Frau ein Kind bekommt, ist die Ungleichheit wieder stark zu spüren. Lösen lässt sich das nur durch geeignete Rahmenbedingungen – staatliche wie betriebliche.«

Henning

»Strukturen in älteren Institutionen mit klaren Hierarchien sind heute viel zu männlich. Bei jungen und kleineren Unternehmen, denke ich, gibt es einen Umbruch. Dazu kommen politische Hindernisse wie (kein) Vaterschaftsurlaub.«

Eva

»Es wird nicht ersichtlich, welche formalen Qualifikationen wirklich wichtig sind beim Berufseinstieg. Die Arbeitswelt vernetzt sich zu wenig mit Universitäten (Infotage, Messen, Vorträge etc.). Inhalte von Studienfächern werden zu schlecht kommuniziert, und man hat den Eindruck, dass Studieninhalte auch gar nicht relevant sind, Noten dann aber doch wieder. Die Arbeitswelt kreiselt gefühlt um sich selbst. Es herrscht keine Transparenz und Kommunikation zwischen Theorie und Praxis. Im Grunde wird keine Brücke zur/von der Arbeitswelt geschlagen. Strukturen sind zu männlich: Wenn Geschäftstreffen außerhalb der normalen Zeiten (9–17 Uhr) ablaufen, dann ja. Der Blick auf den Chefsessel gibt durchaus Bedenken, wenn man aufsteigen will und eine Managerposition als Frau anstrebt. Grund: Man hat automatisch den Eindruck, dass ein Mann in Führungsposition nicht nachvollziehen kann, wie es ist, wenn eine Frau einmal an Familiengründung denkt. Ganz logisch, weil Männer vom Familien- und Kindermanagement zu weit entfernt sind und diese Rolle ja nie einnehmen mussten. Sind aber, wie gesagt, Bedenken.«

Laura

»Meiner Erfahrung nach sind die Strukturen immer noch zu männlich. Zwar gibt es viele Frauen, die gut verdienen und auch einen guten Job machen, aber das sind oft solche Frauen, die mit allen Mitteln mit den Männern mithalten wollen, auf Kinder verzichten (ich habe oft das Gefühl, nur um unbedingt mit den Männern mithalten zu können) und dabei sehr verbissen vorgehen müssen. Das müssen Männer nicht, um an eine vergleichbare Stelle zu kommen. Karriere für Frauen ist möglich, doch müssen sie sich immer noch viel mehr anstrengen und viel mehr bereit sein. etwas dafür aufzugeben, als Männer. Auch wenn z. B. ein Kind kein Hindernis sein muss.«

Max

»Ich habe das Gefühl, dass in meiner Generation die Geschlechterrollen vielleicht nicht aufgehoben sind, die Geschlechter aber selbstbestimmter und -bewusster leben.«

Andreas

»Ich finde die Geschlechterdiskussion eher störend, vielleicht fast schon etwas nervig. Und ich möchte zum Beispiel ja auch kein Quotenmann sein. Es sollte vielmehr um Qualität und Substanz als Kriterien gehen und nicht darum, ob es ein Mann oder eine Frau ist am Arbeitsplatz. Wer den Job gut kann, der soll ihn ausüben. Und da ist es nun mal so, dass manche Jobs Frauen besser können, andere Männer. Ob in manchen Bereichen der Arbeitswelt da die Rollen nun zu einseitig Richtung Mann verteilt sind, ist schwer zu sagen.«

Florence

»Es hat sich schon einiges getan, aber die Strukturen sind insgesamt noch zu männlich. Interessant ist, dass in Unternehmen gemischte Teams ergebnisorientierter und auch erfolgreicher sind.

Diese Aussage würde ich durch meine persönliche Erfahrung unterstreichen.«

Gisela Erler sagte dazu in der ZEIT, die Situation erinnere sie an die Energiewende. Es gäbe alte Energien und erneuerbare Energien nebeneinander, in Strukturen, die manchmal zusammenpassen, oft aber auch nicht. So sei es auch mit den Männern und den Frauen in den Unternehmen. Sie müssten so zusammengebracht werden, dass sie sich nicht blockieren.

Mir gefällt dazu der Vorschlag des bereits erwähnten Kulturwissenschaftlers und Journalisten Christoph Kucklick, der über die Erfindung des negativen Männerbildes promoviert hat. Während ich seinen Aufsatz las, überlegte ich, wie man einen solchen Mann der Zukunft nennt: Männlicher Feminist? Feministischer Mann? Viriler Männer/Frauen-Vorkämpfer? Sein Vorschlag jedenfalls passt in eine Zeit, in der für eine neue Generation »Handy aus« oder »ohne Navi« einem Trip in die Steinzeit gleichkommt. »Wir verordnen uns ein Jahr Pause. In dieser Zeit darf Geschlecht nicht zur Erklärung der Komplexitäten unserer Welt herangezogen werden. Keine Sätze mehr wie ›Männer haben die Finanzkrise erzeugt‹ oder ›Frauen sind die Lösung für globale Herausforderungen‹. Keine Aussagen mehr, die mit ›Männer sind …, Frauen sind …‹ beginnen. Ein Jahr, in dem wir uns diese Simplifizierung verkneifen.«

Und danach sehen wir mal, ob wir sie vermissen.

Gender? Sex? – twice a week

>»Ich bin von zwei Feministen erzogen worden:
Papa und Mama.«

Julie Delpy, amerikanische Schauspielerin

An einem besonders schwergewichtigen Erbe für unsere Nachkommen arbeiten wir gerade. Sie werden sich damit herumschlagen müssen, mit dem Gender. Und das wird nicht nur Freude bereiten. Da bin ich sicher.

Wie spricht man dieses von amerikanischen Soziologen erfundene Kunstwort überhaupt aus? Damit fängt es für viele schon mal an, und wenn dann noch die Frage kommt, was denn Gender überhaupt sei, dann sprießen die Vermutungen wie die Maiglöckchen im Frühjahr. Jeder packt in dieses Modewort hinein, was ihm zu Mann und Frau und deren Unterschiede oder auch nicht einfällt. Eingängig und leicht nachzuvollziehen ist die Genderei tatsächlich nicht. Aber da es inzwischen um die 170 Genderprofessoren – und Achtung: hier müsste es schon Professorinnen heißen, denn die meisten sind Frauen –, also da es diese vielen Professor/innen gibt, muss es ja wohl irgendwo auch eine allgemein anerkannte Definition geben. Denn wie sollten 170 Professor/innen denn forschen, wenn sie gar nicht wissen, was sie erforschen wollen?

Nach meinen Recherchen sieht es so aus, als ob die Genderforscher davon ausgehen, dass es den biologisch sichtbaren Unterschied zwischen Jungen und Mädchen schon gibt. Der heißt Sex. Das spätere Geschlecht des Erwachsenen aber hat damit überhaupt nichts zu tun. Alles, was Mann und Frau unterscheidet, ist angelernt und anerzogen. Gender ist dann so etwas wie ein soziales Geschlecht, das jedem Einzelnen von außen übergestülpt wird. Männer und Frauen werden gleich geboren. Aus einem Jungen kann die Gesellschaft eine Frau basteln und umgekehrt. In der »Einführung in die Gender Studies« von Franziska Schößler steht der entscheidende Satz:»Es sind vor allem kulturelle Akte, die einen Mann zum Mann machen.« Oder zur Frau, je nachdem. Alles klar?

Wenn ich meine Tochter und ihre Freunde frage, was sie darunter verstehen und was der Unterschied zwischen Mann und Frau heutzutage sei, dann wissen die natürlich alle eine Antwort. Und sie teilen mir gerne und gern auch gönnerhaft mit:»Vielleicht wisst ihr Alten es nicht mehr so genau, aber der Mann hat einen Pipi und die Frau nicht.« Oder:»In der Steinzeit haben Männer gejagt und die Frauen aufs Feuer aufgepasst, heute jagen Feministinnen Männer.« Oder auch:»Jetzt komm mir bitte nicht mit diesem Genderquatsch. Ihr glaubt doch nicht im Ernst, dass sich in unserer Gesellschaft irgendetwas ändert, wenn ihr jedem Jungen einen rosa Strampler anzieht, bloß damit er kein Macho wird oder auch transsexuell.« Und leicht genervt fügte Töchterchen hinzu:»Du willst jetzt lange Listen über alte Vorurteile hören, die sich mit Gender schwuppdiwupp in Luft auflösen. Nicht im Ernst, oder?«

Ja, das wollte ich eigentlich! Oder eigentlich auch nicht. Denn eigentlich hatte ich ja gehofft, dass es diese uralten Vorurteile über das, was Männer und Frauen unterscheidet, gar nicht mehr gibt. Jedenfalls nicht für meinen Nachwuchs. Selber unsicher befragte ich meine jungen MitschreiberInnen, was denn Gender für sie heiße:

Katrin

»Gender = modischer Hype und krampfhafter Versuch so zu tun, als gäbe es keinerlei Unterschied zwischen Mann und Frau;

dies ist nicht so und wird auch nie so sein, was gut ist. Unter Gleichberechtigung verstehe ich gleiche Chancen für alle, nicht aber, dass alle gleich sein müssen.«

Julia

»Unter Gender verstehe ich die Wertschätzung der geschlechts-spezifischen Eigenschaften und Fähigkeiten. Allerdings finde ich auch, dass diese Genderstudies nicht überbewertet werden soll-ten und dass Mann oder Frau im Grunde als gleichwertig und gleich fähig angesehen werden sollten.«

Anna

»Gender ist für mich eine Kosmetikerscheinung. Die Bezeich-nungen werden gegendert, ›-innen‹ erschwert die Lesbarkeit bei Texten, kommt aber Studenten dann zugute, wenn sie leere Sei-ten für Hausarbeiten füllen sollen. Es löst nicht das eigentliche Problem. Es wird an Symptomen herumgedoktert, aber nicht an der Ursache für das Problem gearbeitet.«

Eva

»Gleichberechtigung in Form von ›gleiche Chancen für alle – egal ob männlich oder weiblich‹ ist gut und wichtig. Gender ist negativ, es steht für übertriebenen Feminismus und die komplet-te Aufhebung sämtlicher geschlechtsspezifischer Merkmale und Rollenverständnisse.«

Max

»Gender bedeutet für mich nicht Gleichberechtigung. Gender ist erst mal das grammatikalische Gegenstück zu Sex, dem bio-logischen Geschlecht. Dass grammatikalisches Gendern eine vermeintlich gerechtere Sprache bringt, wie es zum Beispiel in Österreich massiv betrieben wird, ist meiner Meinung nach nicht zielführend. Es provoziert, lenkt ab, hindert beim Lesen/

Hören, führt dadurch zu Missverständnissen (beim Hören geht die maskuline Bedeutung zum Beispiel verloren) und bringt damit auch keine Gerechtigkeit. Man kann Sprache zwar verändern, doch schwer gezielt und politisch motiviert. Die Sprache passt sich den Bedürfnissen der Sprecher an und nicht umgekehrt. Nur dadurch, dass man ein ›-innen‹ an grammatikalisch maskuline Formen hängt, wird sich am Denken der Menschen nichts ändern.«

Da muss ich widersprechen. Das mit dem »-innen« hintendran ändert doch etwas: Es verursacht Streit. An meiner Heimat-Uni, der Rheinischen Friedrich–Wilhelms-Universität Bonn, empörte sich der konservative Ring Christlich-Demokratischer Studenten (RCDS) über den »Gender-Wahnsinn« der liberaleren Studentenvertretungen. Der 26-jährige Martin Rademacher, stellvertretender Vorsitzender des Bonner RCDS: »Wir verbringen in Gremien sehr viel Zeit damit, Texte richtig zu gendern, statt über die Inhalte der Texte zu reden.« Der Krach schaffte es auf ein Wahlplakat. Darauf streiten sich Batman und Robin. Robin: »Hochschulpolitik im Sinne der Studierenden!« Batman gibt seinem Partner daraufhin eine Backpfeife und sagt: »StudentInnen!«

Mutter unser im Himmel

»Wer meint, dass es bei der Gleichwertigkeit
darauf ankommt, dem Mann gleich zu sein,
macht den Mann zum Maßstab des Menschseins.«

Filomena (18) auf Facebook

Wenn es um Genderpolitik geht, hört in Deutschland der Spaß auf. Also gehen wir dem nach.

Wieso gibt es nur Doktorväter? Bei der Geschwindigkeit der Gender-Entwicklung ist die Doktormutter bestimmt schon eingeführt. Um die Vorständin steht es bereits gut. Die Duden-Redaktion sieht gute Chancen, dass sie den Sprung in die Rechtschreibbibel schafft. Bei der Bundeswehr gibt es zwar immer noch die Frau Hauptmann und die Frau Korvettenkapitän. Aber aus der Frau Amtmann ist jedenfalls schon die Amtsfrau geworden. Sprachschützer fragen: Muss das sein? Selbst die »Vorständinnen« selber finden die Idee albern. Für Brigitte Ederer, bis September 2013 im Siemens-Vorstand, blieb bis zu ihrem Ausscheiden die Bezeichnung »Siemens-Personalvorstand Brigitte Ederer« bestehen.

Wer über Gender redet, der hat Stoff für eine lange Rede. Es folgt eine kleine Auswahl dessen, wie Gender im Alltag unsere Gesellschaft voranbringt. Bei meinem Besuch eines Hamburger Callcenters schimpfte der Chef so laut, dass mit mir alle Angestellten es hörten: »Was für eine Kacke! Jetzt muss ich jeden blöden Brief, jede E-Mail immer mit ›Sehr geehrter Containerschiffverwalter, sehr geehrte Containerschiffverwalterin‹ überschreiben. Die spinnen doch!«

Andreas, der als 33-Jähriger einen siebenjährigen Jungen angemessen großziehen möchte, erzählte mir von der Elternversammlung der Grundschule seines Sohnes Folgendes über die Erregung einer Mutter: »Also, wenn mein Sohn jetzt auf dem Schulhof zu einem anderen ›du Sau‹ sagt, bekommt er Ärger. Aber nicht wegen des bösen Wortes. Ich fordere ihn mit angemessener Strenge auf: Lieber Leo, du musst deinen Freund als ›du Eber‹ beschimpfen.«

Oder die Fußgängerzone. Achtung, dieses Wort geht gar nicht. Für keine der von mir beschriebenen Generationen. Es unterdrückt die Frauen. Es negiert die Jugend und nimmt keine Rücksicht aufs Alter. Ja, es verherrlicht sogar die Gewalt. Eine findige Lokalpolitikerin der Grünen aus Hannover, Ingrid Wagemann, erkannte nämlich: »Fußgänger ist männlich, Zone ist militaristisch.« Ihr Vorschlag zur Güte: Flaniermeile.

Ausgesprochen lästig sind auch die ermüdenden Wiederholungen. Früher, in der Vor-Genderzeit, hüpften nur Schüler auf dem Schulhof herum. Das geht nur noch an Jungenschulen. Alle anderen haben gefälligst hundertmal »Liebe Schülerinnen und Schüler« zu schreiben. Wobei einem natürlich sofort Zweifel kommen. Wieso stehen die ›-innen‹ vorn? Um solchen Schwierigkeiten aus dem Wege zu gehen, wird gern die Klammer eingesetzt. Eine Leseprobe aus einer Dissertation: »So wird ein(e) Lernende(r) zu einer(m) LernbegleiterIn und umgekehrt.« Man lese diesen Satz, der eher einer mathematischen Formel als einem sprachlichen Gebilde gleicht, doch einmal laut!

Noch komplizierter wird es in diesem Gerichtsgutachten: »In der Feststellung eines Psychiaters, er sei überrascht, ›dass der Amokläufer eine Frau war‹, kann ›Amokläufer‹ weder durch ›Amokläuferin‹ ersetzt werden, obwohl es sich um eine Frau handelte, noch darf der nach feministischem Verständnis männlich zu deutende Ausdruck ›Amokläufer‹ als männlich verstanden werden.« In den Satz »Frauen sind die vernünftigeren Autofahrer« muss natürlich statt des Autofahrers die Autofahrerin. In einer Broschüre mit dem vielsagenden Titel »Übung macht die Meisterin« hieß es dann auch genderanisch korrekt: Frauen sind die vernünftigeren Autofahrerinnen. Wen kümmert es, wenn der Satz dann zu Schwachsinn mutiert.

Ich fahre gerne, wie es bei den Münchnern so üblich, zum Skifahren über die Grenze nach Kufstein. Da beginnt nur etwa eine Stunde von zu Hause entfernt ein großes Skigebiet. Beim Überfahren der deutsch-österreichischen Grenze werde ich nicht etwa mit einem ortsüblichen »Heil« oder »Servus« empfangen. Nein, es lockt ein feministisches Willkommen: In großen Lettern empfiehlt sich das Alpenland mit »Grüß Göttin«. Ich habe tatsächlich eine Weile gebraucht, um den Sinn zu verstehen.

Vorsichtig wage ich zu vermuten, dass hier weitergedacht wird, was wir in den achtziger Jahren begeistert zitiert haben. Mir hat es jedenfalls jedes Mal Spaß gemacht, einen Spruch aus der Schöpfungsgeschichte zu persiflieren: »When god created man, she was only joking.«

Nun muss ich mich selbstkritisch fragen: Mag ich die Geister noch, die zu rufen ich offenbar geholfen habe? Halte ich ein »Grüß Göttin« vielleicht deshalb für leicht albern – ich entschuldige mich hier bei der Künstlerin, die das aber vielleicht auch nicht bitterernst gemeint hat –, weil ich schon so verkalkt bin, dass ich mir einbilde, früher sei alles besser, lustiger, witziger und vor allem intelligenter gewesen? Oder wird wirklich übertrieben mit dem Genderismus?

Ich bezweifle, dass diese Entwicklung in der Absicht jener Frauen und Männer lag, die als Erste die deutsche Sprache hinsichtlich der Dominanz des Maskulinen durchforsten wollten. Und so amüsant diese Geschichten sind, sie haben natürlich nichts mit ernsthafter Genderforschung zu tun. Gender was? Schauen wir noch einmal ernsthaft hin. Immerhin: Die Windows-Rechtschreibhilfe muckt nicht, wenn der Name richtig, also mit Großbuchstabe am Anfang, in den PC getippt wird. Denn Windows kennt Gender schon länger! Doch nicht einmal fünf Prozent der Bundesbürger wissen in Wirklichkeit über den komplizierten Inhalt dieses Begriffes Bescheid.

Mit einem in den USA erfundenen Kunstwort fing es vor einigen Jahren an. Judith Butler, die Mutter der Genderbewegung, erklärte das so: »Über Jahrhunderte hinweg war ja die Geschlechterdifferenz inhaltlich und funktional diskutiert worden, meist in der Form, dass Männer Frauen sagten, wie sie zu sein hätten. Oder auch, dass Frauen selbst auf eine vermeintlich ›weibliche Natur‹ rekurrierten, um die männliche Ordnung zu kritisieren. Simone de Beauvoir war die Erste, die zeigte, dass das nicht funktioniert, weil die Geschlechterdifferenz mit allem so verwoben ist, dass man nicht zu einer vor aller Kultur liegenden Bedeutung von ›männlich‹ und ›weiblich‹ vordringen kann.«

Soweit die Nachrichten aus dem Elfenbeinturm der Wissenschaft. In den Tiefebenen des menschlichen Seins tun wir uns da offenbar schwerer. Ziemlich entrüstet zeigte mir meine Freundin Professorin im Fach Medizin an der Hamburger Uni Antragsformulare, die ihre Y-Studenten und -Studentinnen für die Teilnahme an einem Seminar ausfüllen mussten. Es wurde nach dem Üblichen gefragt: Name, Vorname und so. Die in Deutschland übliche Multiple-Choice-Frage »männlich/weiblich« hatte sie durch den im Englischen üblichen Terminus »Sex« ersetzt, weil viele ihrer Studenten aus englischsprachigen Ländern kommen.

Meine ProfessorInnenfreundin, die sich bis in die Chromosomen hinein mit den Unterschieden zwischen männlich und weiblich auskennt, wusste nicht, ob sie über die Vielfalt der Antworten in der Rubrik »Sex« lachen oder weinen sollte. Eine kleine Auswahl: »zweimal die Woche«, »sometimes«, »virgin« oder »nie alleine«. Die Formulare wurden geändert. Seit Neuestem wird nach Gender gefragt.

Ob es die Generation Y in die Wissenschaft lockt, bleibt dahingestellt, aber es hat Schlagzeilen gemacht: Nach 600 Jahren Männerdominanz schwenkte 2013 die Uni Leipzig radikal um. Rektorin, Dozentinnen, Wissenschaftlerinnen – da, wo früher in der Grundordnung der Universität Leipzig die sogenannte Schrägstrich-Variante genutzt wurde, also Professor/Professorin, steht künftig ausschließlich die Frau Professorin. Eine Fußnote stellt klar, dass diese feminine Bezeichnung sowohl für Personen männlichen als auch weiblichen Geschlechts gilt. Dass es in Leipzig überhaupt so weit kam, war aber wohl eher Zufall. Bei der Diskussion über die Novellierung der Grundordnung der Hochschule ärgerten sich einige der insgesamt 77 Senatsmitglieder über die lästige Schrägstrich-

Variante. Diese hemme die Lesbarkeit, warfen vor allem die Juristen ein.

Genervt, schlug der Physikprofessor Dr. Josef Käs vor, ausschließlich die weibliche Form einzusetzen. »Das war eine spontane Entscheidung ohne politische Ziele«, sagt er. Zur Überraschung des Gleichstellungsbeauftragten der Uni Leipzig, Georg Teichert, stimmte das Gremium für das sogenannte generische Femininum. »Ich hätte niemals gedacht, dass der erweiterte Senat das beschließt, denn bei anderen Themen zur Familienfreundlichkeit und Frauenförderung ist er sonst eher behäbig«, staunte Teichert. Besonders große Hoffnungen macht sich der Gleichstellungsbeauftragte der Uni Leipzig allerdings nicht. »Nur weil die Grundordnung geändert wird, ändert sich noch nichts an den tatsächlichen Verhältnissen«, befürchtet Teichert.

Aber zumindest hat der Leipziger Herr Professorin die digitale und gedruckte Welt aufgeschreckt. Auf geschätzten 678 Kommentarseiten in unzähligen Printmedien machte sich Empörung breit. »Eine Vergewaltigung der Sprache«, »Die Frauen ticken jetzt echt nicht mehr richtig, wenn die der Meinung sind, dass Männer sich jetzt mit Frauenbetitelung ansprechen lassen müssen«, »Es verstärkt sich der Verdacht, dass das weibliche Gehirn doch signifikant anders funktioniert als ein richtiges«, »Frauen, die sich durch das generische Maskulinum diskriminiert fühlen, sollten sich ganz ehrlich untersuchen lassen« und so weiter und so weiter.

»Weiblich geht die Welt zugrunde«, spöttelte *Spiegel*-Satirikerin Sibylle Berg denn auch und fügte hoffnungsvoll hinzu: »Irgendwann, falls unser Denken in dem Fall nicht zu langsam war und die Welt nicht weggeschwemmt wird, werden wir gelernt haben, dass es vollkommen Stulle ist, wenn männliche Lehrende Professorin genannt werden. Für einen Augenschlag der Geschichte lang.«

Verstehen Sie – nein, nicht Spaß – Geschlechterdemokratie?

»Die Aktivistinnen der Frauenbewegung
machen mich wütend. Sie stehen auf Seifenkisten
und proklamieren, dass Frauen klüger sind
als Männer. Das stimmt zwar,
aber es sollte unter uns bleiben, sonst stürzt
das ganze Kartenhaus zusammen.«

Anita Loos, US-amerikanische Drehbuchautorin

Wenn ich Professorin für Gendertum wäre, dann würde ich meine sicher von der Generation Warum stark besuchte Vorlesung »Geschlechtsspezifische Komponenten der jüngeren Gleichstellungsdiskussion und ihre Bedeutung für das Diversity Management internationaler Konzerne« mit dem Satz beginnen: »Bevor wir uns der komplexen Frage nach der Geschlechterdemokratie zuwenden, ist zunächst die nicht minder komplexe Frage nach Sinn und Inhalt von Gender Mainstreaming zu beantworten.« Denn das prägt unsere Jugend tatsächlich.

Recht leicht lässt sich klären, wann das soziale Geschlecht in den Hauptstrom der Gleichstellungsproblematik geraten ist. Das war 1997, als die EU-Länder im Amsterdamer Vertrag das Gender Mainstreaming für alle Politikbereiche verankerten. In den beschäftigungspolitischen Leitlinien der EU wurde dann zwei Jahre später das Ziel des Gender Mainstreaming präzisiert: In jeder politischen Maßnahme, von der Planung bis zur Durchführung, sind die Geschlechterverhältnisse zu berücksichtigen. Seither ist der Gender los. Oder die Genderin?

Auch in Berlin. Das Bundesfamilienministerium betreibt seit 2003 unter dem Dach des Zentrums für transdisziplinäre Geschlechterstudien an der Berliner Humboldt-Universität ein sogenanntes GenderKompetenzZentrum. Und auf dessen Website wurde ich dann endlich aufgeklärt. Ad eins, der Hauptstrom: »Mainstreaming bedeutet, ein Thema alltäglich und selbstverständlich zu machen, also in den Hauptstrom (mainstream) von Prozessen und Hauptaktivitäten zu integrieren.« Ad zwei, das soziale Geschlecht: »Mit Gender Mainstreaming soll also die Gleichstellung von Frauen und von Männern in allen Bereichen und auf allen Ebenen zu einem Querschnittsthema werden.«

Auch das angepeilte Fernziel dieser gigantisch anmutenden Unternehmung ist definiert und benannt. Am Ende soll nicht weniger als ein neuer Mensch und eine neue gesellschaftliche und politische Realität herauskommen: die Geschlechterdemokratie. Bis dieser Idealzustand erreicht wird, bedarf es allerdings einer völligen Umerziehung des Menschen.

Gegen diese Aufgabe erscheint der Versuch des Kommunismus, aus dem von Natur aus selbstsüchtigen Erdenbewohner ein selbstloses sozialistisches Wesen zu formen, eine vergleichsweise leichte Übung. Doch auch dafür gibt es schon Lehrstühle und die dazu passenden Lehrpläne. Genderkompetenz soll jedem Einzelnen (Entschuldigung, natürlich auch jeder Einzelnen) derart intensiv vermittelt werden, dass bei allem Tun und Entscheiden eine implantierte Warnleuchte blinkt und an die Frage erinnert, welche eventuell unterschiedlichen Wirkungen davon auf Mann und Frau ausgehen. Oder umgekehrt.

Wenn diese Warnleuchte bei jedem blinkt, dann haben wir sie erreicht, die Genderdemokratie. Oder zu Deutsch: die Geschlechtervolksherrschaft. Aber vielleicht verzichten wir doch lieber auf die Übersetzung. Denn die verwirrt nur wieder.

Die Berliner Regierung hat bereits 1999 die Grundlage für den Umbau der Bundesrepublik in eine Genderdemokratie beschlossen. Damals erkannte das Bundeskabinett die Gleichstellung von Frauen und Männern als durchgängiges Leitprinzip für politisches Handeln in der Bundesrepublik an. Der Auftrag zum Gender Mainstreaming war damit von höchster Regierungsstelle erteilt.

Auf der Internetseite des Familienministeriums finde ich ein Papier zur Strategie »Gender Mainstreaming«. Verstehe ich diese Strategie richtig, so geht es dabei allerdings eher um den Ansatz einer neuen Gleichstellungspolitik, die alle Wünsche von Frauen und Männern gleichermaßen erfüllt.

Urteilen Sie selber: »Das Leitprinzip der Geschlechtergerechtigkeit verpflichtet die politischen Akteure, bei allen Vorhaben die unterschiedlichen Interessen und Bedürfnisse von Frauen und Männern zu analysieren und ihre Entscheidungen so zu gestalten, dass sie zur Förderung einer tatsächlichen Gleichstellung der Geschlechter beitragen.«

Beamte, die sich ein wenig schwertun bei der »Anwendung der Genderperspektive« und der Aufgabe, Gender Mainstreaming als »geschlechtersensible Sichtweise« ressortübergreifend in die Arbeit der Bundesregierung zu »implementieren«, dürfen sich schulen lassen. Na ja. Kann ja nicht schaden.

Überall im Lande sprießt und gedeiht eine neue Genderbürokratie. An deutschen Hochschulen gibt es inzwischen über vierzig entsprechende Institute und Einrichtungen, darüber hinaus hat sich die Genderforschung an nahezu jedem geisteswissenschaftlichen Lehrstuhl etabliert. Ein erstaunlicher Erfolg für eine Theorie, die sich schwertut, vom Volke verstanden zu werden, und deren wissenschaftliche Grundlage bis heute umstritten ist.

Die unzähligen Frauenbeauftragten aus der Vor-Genderzeit heißen jetzt Gleichstellungsbeauftragte. Ab jetzt geht es um Mann UND Frau – und bisschen mehr um die Frau. Ich habe dennoch den Eindruck gewonnen, dass trotz des Aktivismus immer noch eine große Lücke zwischen Theorie und Praxis klafft. An den Universitäten wird nach wie vor intensiv über das Schicksal der Frauen geforscht. Ein Lehrstuhl für Männerforschung? Fehlanzeige. Eine Bewegung, die angetreten ist, die Gleichstellung zwischen den Ge-

schlechtern zu erreichen, macht noch arg häufig verbrämte Frauenpolitik und hat sich auch nach knapp zwanzig Jahren noch nicht
sehr weit davon wegbewegt.

Zumindest bei Ex-Familienministerin Kristina Schröder aber
flackerte in der vergangenen Legislaturperiode das Genderlichtlein
schon mal für alle Beteiligten. Den in unserer Gesellschaft besonders benachteiligten »Jungs aus bildungsfernen Schichten« etwa
wollte sie mit gendermäßig passenden Themen im Schulunterricht
helfen. Diese Buben sollten auch mal »Diktate mit Fußballgeschich-
ten« schreiben dürfen. Denn das fördere, so die Ministerin 2013,
die Jungs aus bildungsfernen Schichten weit mehr, als sich über
»Schmetterlinge und Ponys« den Kopf zu zerbrechen.

Ich erinnere mich zwar nicht, dass ich auf dem Bonner »Städ-
tischen Mädchenlyzeum Clara-Schumann-Schule« Diktate über
Schmetterlinge und Ponys geschrieben habe. Aber das kann sich
ja inzwischen geändert haben. Kristina Schröder ist ja deutlich
jünger als ich.

Der halb so alte Henning Bergius findet das alles »so blöde«
und ihn regen die Ideen von Kristina richtig auf.

Henning

»Frauenförderung bringt nix in Form von Quoten. Die sollten
eine gezielte Jugendförderung machen, wie z. B. Mädchen-/Frau-
enfußball.«

So sollte es sein. Jeder Mensch ist nach der Genderdefinition der
Europäischen Union und der Vereinten Nationen bei seiner Geburt geschlechtsneutral. Von Natur aus beschränkt sich demnach
der Unterschied zwischen männlich und weiblich auf die Ge-
schlechtsorgane. Oder anders: Der Penis hindert einen strammen
Jungen (ups, bei »stramm« hat mein Genderlämpchen geblinkt!)
nicht daran, im Denken, Fühlen und Handeln ein Mädchen zu
werden. Die als typisch männlich oder typisch weiblich einge-

stuften Merkmale werden nach Gender Mainstreaming also nur durch die Erziehung und das soziale Umfeld dem Neutrum Mensch übergestülpt. Und zwar von allem und allen, mit denen das Kind zu tun hat: von den Eltern, den Großeltern, im Kindergarten, in der Schule, auf der Straße und im Bett.

Bei allen jüngeren Forschungsergebnissen: So neu ist das alles nicht. Ich erinnere mich, dass die Radikaleren unter meinen Freundinnen aus der »Laissez-faire«-Erziehungsphase schon in den achtziger Jahren glaubten, dass letztlich alles nur eine Frage des sozialen Umfeldes sei und dass Sozialisation und Erziehung durchaus eine gleiche Entwicklung von Jungen und Mädeln bewirken könnten. Ich konnte das nie so ganz nachvollziehen. Und als ich dann selber ein kleines Mädchen bekam, war mein letzter Rest Glaube an die Gleichheit von Babys mit und ohne dahin.

Das lag an Erlebnissen wie diesen. Meine Freundin hat drei Kinder, zwei Mädchen und einen Jungen. Der Junge ist der Jüngste. Er war folglich der Letzte, der die abgelutschte Wackelkuh seiner Schwestern am roten Band hinter sich herziehen und wie diese dazu laut »Muh-Muh-Muh« rufen sollte. Denn die Kuh macht »Muh«, das lernt man früh. Nicht bei Jan. Er nahm die Attrappe, hockte sich auf den Boden, schrammte mit dem Eutertier energisch auf dem Boden hin und her und versuchte, das sonore Geblubber eines getunten Porsche 911 nachzuahmen. Und das, obwohl er mit seiner gut einjährigen Lebenserfahrung nachweislich weder an einem Tourenwagen-Rennen teilgenommen noch derartige Autobrumm-Gewohnheiten von seinen älteren Schwestern gelernt hatte.

Ich weiß, ich weiß, das ist kein wissenschaftlicher Beweis. Und es ist ja auch nicht ganz auszuschließen, dass wir unseren Kleinen unbewusst und nonverbal von ihrem ersten Lebenstag an beibringen, dass Kühe bei Mädchen »Muh« und bei Jungen »Brrrrummmm« machen. Aber die Betroffenen sind auch gar nicht scharf darauf, alle Unterschiede zu schleifen. Mein inzwischen erwachsenes Mädchen sieht das ganz praktisch. »Stell dir mal vor, einem Jungen ist kalt und ich gebe ihm meine Jacke und friere dann selber. Wäre doch bescheuert!« Die Erkenntnis, dass die Natur uns mit zwei ungleichen Menschentypen geschlagen hat und wir dies auch nicht mit standardisierten Vorschriften – Puppen für Jungs und Fußball für Mädchen – außer Kraft setzen können, hat sich bei vielen eben doch tief eingegraben.

Kritik am Gender? Ab auf die Liste!

»Das schwächere Geschlecht ist das stärkere
wegen der Schwäche des stärkeren für das schwächere.«

Greta Garbo

Gender Mainstreaming versucht nun zwischen den beiden extremen Überzeugungen »Männer und Frauen sind gleich, wenn man sie nur lässt« und »Männer und Frauen sind alles, nur nicht gleich« Brücken zu schlagen. Möglichst wissenschaftlich fundiert, möglichst im Alltag umsetzbar. Kein Studienfach hat in den vergangenen Jahren eine solche Karriere hingelegt wie die von der modernen Geschlechtertheorie inspirierten Gender Studies.

Mein Journalistenkollege Jan Fleischhauer, der gerne mal satirisch über Gesellschaftliches auf *Spiegel Online* herzieht, kann das erklären. Das Problem sei ja, dass nicht jeder bei Siemens oder BMW als »GendertrainerIn« anfangen könne, um dort »ein lustvolles und produktives Miteinander der Geschlechter« zu bewirken, wie es zum Beispiel das genderWerk in Berlin anbietet. Solange es noch kein Gesetz gibt, dass eine solche Beratung für Unternehmen zur Pflicht macht, bleibt in der Regel nur eine Stelle im Staatsdienst, als Gleichstellungsbeauftragte oder eben an einer Hochschule.

Der aus meiner Generation stammende Kollege hat eine politisch linke und von manchen Extremen geprägte Kindheit genossen und in einem Buch beschrieben. Vielleicht gerade deshalb verwundert ihn die beginnende Frontenbildung im Genderhype. Diese kritisch betrachtend fragte er Mitte 2013: »Wie muss man sich einen Gendergegner vorstellen? Vielleicht so: Hornbrille, halblanges Haar, sympathischer Mehrtagebart, freundliches Lächeln.«

Das treffe jedenfalls, so Fleischhauer verblüfft, ziemlich auf seinen Kollegen René Pfister zu, stellvertretender Leiter des Hauptstadtbüros des *Spiegel*. Der hatte es gewagt, respektlos über den Genderismus zu reden. Dafür wurde er abgestraft. Von niemandem Geringeren als der angesehenen Heinrich-Böll-Stiftung. Diese hatte tatsächlich eine schwarze Liste von Kritikern der Gendertheorien zusammengestellt. Die Autoren unterschieden darin, so Fleischhauer in seinem Artikel, »fünf Gruppen von Gender-Gegner -innen« beziehungsweise »Anti-Feminist -innen«, die mit »polemisierenden Texten« die Arbeit all derjenigen Menschen herabzuwürdigen versuchen, die sich dem Fortschritt im Geschlechterverhältnis verpflichtet fühlen. Pfister fand seinen Namen neben dem christlicher Fundamentalisten und sogenannter Wissenschaftlichkeitswächter, die bis heute die evolutionäre Entwicklung des Lebens auf Erden leugnen. Fleischhauer: »Ich glaube, ich wäre lieber Klimaleugner als Gendergegner.«

Vielleicht müssten die Dinge zunächst überzogen komplex dargestellt werden, damit darüber geredet wird, verteidigt die knapp 30-jährige Soziologin Kathy Messmer die große Windmaschine, die für Gender in Gang gesetzt worden ist. Das sei, als wolle man Sehgewohnheiten oder Redegewohnheiten durch massives Stören aufbrechen, um dann einen neuen Normalzustand zu erreichen.

Das müssten wir Alten nur verstehen lernen. »Wir sind eigentlich weiter in der Gesellschaft«, konstatiert mir gegenüber denn auch Kathy Messmer, die Mit-Initiatorin der »Aufschrei«-Aktion gegen Sexismus. Und erzählt mir folgende Geschichte. Sie käme gerade aus einer öffentlich-rechtlichen Talkshow zu diesem Thema, in der die einfallsreiche Redaktion von Talkerin Sandra Maischberger Männlein und Weiblein getrennt voneinander und frontal zueinander platziert hatte.

Was immer man damit symbolisieren wollte, es sei albern gewesen, so Messmer. Der Diskurs über die Geschlechterfragen laufe schon lange nicht mehr derart platt, erklärt sie mir und rückt ihre Brille kokett zurecht. »Uuunndd«, fügt sie lächelnd hinzu, »wir jungen Frauen haben einfach keinen Bock mehr, das den Alten immer wieder klarmachen zu müssen.«

Ich mache mich schlau bei der Mutter der Gendertheorie, Judith Butler. Sie beschreibt die Suche danach, wie man Ungleiches gleich machen kann, in ihrem Text »Das Ende der Geschlechterdifferenz?« so: »Für viele, denke ich, ist die strukturierende Realität der Geschlechterdifferenz nicht etwas, das man hinwegwünschen oder gegen das man argumentieren könnte; ja hier überhaupt irgendwelche Forderungen aufstellen zu wollen scheint vielen sinnlos. Die Geschlechterdifferenz ist so etwas wie ein notwendiger Hintergrund für die Möglichkeit des Denkens, der Sprache und der Existenz der Körper in der Welt. Und wer gegen sie anzugehen versucht, argumentiert in genau der Struktur, die sein Argument möglich macht.«

Verstehen Sie das jetzt bitte nicht als respektlos, aber erwähnen muss man es ja: Gender ernährt mittlerweile einen riesigen Apparat. Es ist schwer, einen Überblick zu bekommen, wie viele Menschen inzwischen pensionsberechtigt davon leben, dass sie anderen erklären, warum das Geschlecht nur ein soziales Konstrukt ist. Aber man darf getrost davon ausgehen, dass dieser Apparat in absehbarer Zukunft nicht schrumpfen wird.

Gendermutter Judith Butler stellt letztlich klar, dass es sinnlos ist, über die Frage zu streiten, ob man die Geschlechterdifferenz nun erhalten oder abschaffen will, weil das eben sowieso nicht geht. Damit wäre die geschlechtspolitisch derzeit anspruchsvollste Frage zweifellos die, wie sich die Genderdiskussion mit der Debatte um Emanzipation und Frauenquote verträgt.

Wenn Gender also mehr sein soll als eine moderne Fortführung von Alice Schwarzers Kampf gegen die Männer, von »Girls' Day« und lila Latzhosenzeiten, dann muss ich meine bisherigen Vorstellungen von Emanzipation und Frauenpolitik wohl überdenken. Klar, dass meine allwissende Tochter mir da gerne hilft. Mit Bemerkungen wie dieser: »Mama, echt! Erst wird mir eingebläut, dass seit der Französischen Revolution alle Menschen gleich sind und die gleichen Rechte haben, und dann bringst du mir bei, dass Frauen aber gleicher sein müssen. Und jetzt höre ich überall, dass jetzt wieder die Männer dran sind mit dem Gleichersein. Solche Feindbilder sind doch echt krank. Die brauchen wir nicht mehr.«

Ich habe es natürlich nicht zugegeben. Aber ein bisschen was ist schon dran an dem, was meine junge Frau im Hause so von sich gibt. Ich gehe mir ja langsam selbst auf den Wecker, wenn ich mit den alten Stereotypen aus der Frauenbewegung hantiere. Kinder versus Karriere, Mann versus Frau, Befreiung versus Unterdrückung, Macht versus Ohnmacht – die Reihe der Versus-Paare, mit denen ich durch mein Frauenleben gegangen bin, ist lang. Auch das Gestöhne mancher meiner Geschlechtsgenossinnen, wie mies wir Frauen immer und überall noch benachteiligt werden, kann ich langsam nicht mehr hören. Denn es trifft schon lange nicht mehr zu und hat in dieser Absolutheit nie gegolten. Und wenn dann eine Ministerkandidatin aus dem Schattenkabinett Peer Steinbrücks im SPD-Wahlkampf 2013 ernsthaft fordert, dass es nun aber hohe Zeit sei, die Talkshows im Fernsehen paritätisch mit Männern und Frauen zu besetzen, dann ist das nur noch lächerlich.

Quote – eine Leidenschaft, die Leiden schafft

»Die selbstsichere Frau verwischt nicht den Unterschied
zwischen Mann und Frau – sie betont ihn.«

Coco Chanel

Betrachte ich vor diesem Hintergrund das Thema Quote, dann
wird mir doch etwas mulmig zumute. In der Sozialpädagogik lernen wir zwischen Absicht, Verhalten und Wirkung zu unterscheiden. Auf die Frauenquote übertragen heißt das: Die Absicht, die
hinter dieser Forderung steckt, ist nur zu loben; nicht zu überse-
hen sind die ernsthaften Bemühungen, die Absicht in der Wirklichkeit umzusetzen. Aber was ist mit der Wirkung?

Ich gehöre zu jener Generation von Frauen, die mit zwanzig
eine Quote empört ablehnte (»Wir schaffen das auch ohne Pam-
pers!«), mit vierzig erkannte, dass sich ohne den Druck einer Quote wohl nie etwas in der von den Männern beherrschten Welt ändern würde, und mit fünfzig entdecken muss – wie viele um mich
herum –, dass es jetzt für die Quote irgendwie auch schon zu spät
zu sein scheint.

Trotz aller an mir nagenden Zweifel unterstütze ich natürlich
weiterhin den Kampf um die Quote. Deshalb habe ich auch 2010
den Aufruf »Pro Quote« meiner Kolleginnen aus dem Journalismus
unterschrieben und dazu mein Statement geliefert: »Wozu genau
noch braucht man einen Penis in dieser Führungsposition?«

Ich unterstütze auch weiterhin die Bewegung in ihren Grundge-
danken, Frauen fördern Frauen und fordern für sie. Schon deshalb, weil mir das Zustandekommen dieser Initiative gefallen hat.
Es begann damit, dass einige Hamburger Journalistinnen beweisen wollten, dass auch Frauen Netzwerke knüpfen und Solidarität organisieren können. Monatelang sammelten sie bundesweit
Unterstützerinnen. 350 Unterschriften kamen zusammen (längst

sind es übrigens viele hunderte mehr Unterstützerinnen). In einem offenen Brief an Chefredakteure, Intendanten und Verleger veröffentlichten sie dann an einem Stichtag ihre Forderungen an die männlichen Herrscher über die deutsche Medienlandschaft: Dreißig Prozent Frauen auf allen Leitungsebenen bis 2017. Ihre öffentlich und medienwirksam gestellte Frage lautete: »Schafft ihr das?«

Aber weil ich so zaudere, suche ich bei meinen Quoten-Mitstreiterinnen Argumente für die Quote. Und obwohl ich natürlich fündig werde, spüre ich auch dort eine deutliche Distanz und zunehmend verhaltene Begeisterung:

Ana Maria Ochs

»Quoten schaffen den institutionalisierten Rahmen, in dem junge Frauengenerationen die Chance bekommen, mit Selbstverständlichkeit jene Erfolgskriterien auszuprobieren und zu erlernen, die sie zum Erfolg benötigen. Quoten unterstützen ehrgeizige und/oder kompetente und/oder qualifizierte Frauen darin, sich ihrer Karriere zu widmen, ohne sich ständig nebenbei noch die Erlaubnis abholen zu müssen bzw. sich dauernd erklären zu müssen, dass sie Karriere machen – wie ihre gleichaltrigen männlichen Kollegen halt auch. Quoten erlauben uns allen, bei der Auswahl von Mitarbeitern bzw. Förderung derselben uns auf die Qualifizierung zu konzentrieren, statt ständig Gründe dafür zu suchen, warum wir uns für Mitglieder von Minderheiten bzw. Mehrheiten entschieden haben. Erlauben wir uns diese institutionalisierte Unterstützung.«

Sigrid Reutter

»Ich bin mir sicher, dass eine hohe Quote für Frauen in ranghohen Positionen mit Einfluss Erfolg generieren wird. So wird sich allein durch das Erreichen und Überschreiten der kritischen Masse aus der Minderheit Frau eine Majorität generieren. Es wird sicher Frauen geben, die die Kriterien von Erfolg in einer Männerwelt gekonnt anwenden können und auch wollen, ebenso wie es heute Männer gibt, für die diese Kriterien keine Relevanz haben und die ebenso neue Wege gehen wollen. Die Quote, sofern sie eingeführt wird, wird Frauen nicht ausschließlich dazu zwingen, Erfolg zu haben, den sie innerlich ablehnen. Wirtschaft und Politik werden Rahmenbedingungen schaffen müssen und tun dies bereits, in der Frauen Erfolg und Karriere haben wollen. Familienorientierte Arbeits- und Lebenswelten werden dies mehr zulassen. Ebenso eine immer größere Flexibilität in der Selbstbestimmung, wann und wo Ergebnisse produziert werden können, wird zu einer größeren Bereitschaft der Frauen führen, »Karriere« machen zu wollen. Diese Veränderungen sind notwendig, um damit dauerhaft eine kritische Grundgesamtheit an Frauen generieren zu können. Durch ein ausgewogeneres Verhältnis an Frauen und Männern wird es automatisch zu Veränderungen in der Gesellschaft und Arbeitswelt kommen, da es eine Anreicherung von Stilen und Verhalten geben wird, welche wiederum Veränderungen generiert.«

Sabine Moehring

»Quoten können nicht zwingen, denn keiner ›muss‹ sich befördern lassen. Man kann auch ohne Quote ein Beförderungsangebot bekommen, das man nicht ausfüllen möchte. Vielleicht wird transparenter, ob Frauen nicht wollen, weil sie durch Quoten möglicherweise öfter gefragt werden. Dies ist aber aus meiner Sicht ein völlig unwesentlicher Punkt zum Thema Quote. Jeder kann ›nein‹ sagen und muss dann auch die Konsequenzen tragen. Das ist für Männer auch nicht anders. Das muss jeder für sich abwägen.«

Es ist und bleibt eine schwierige Leidenschaft mit und zu dem »geliebten Miststück Quote«. So tauften »Pro Quote«-Anhängerinnen das Ding einst in *taz* und *Spiegel*. Seit dreißig Jahren wälzen wir nun dieselben Argumente. Ohne Quote holen die Frauen die Männer nie ein, sagen die einen; mit Quote erst recht nicht, meinen die anderen. Und dann gibt es auch noch die zunehmende Zahl jener, die sich fragen, ob wir Frauen die Männer nicht einfach ziehen lassen, ihren kräftezehrenden Wettkampf unter sich austragen lassen sollten. Ohnehin hat sich die Quotendiskussion in den letzten Jahren immer mehr in die üblichen In-Zirkel zurückgezogen. Journalistinnen, Frauenrechtlerinnen, Politikerinnen drehen und wenden das Thema bis zur Erschöpfung. Anderen interessierten Unbeteiligten geht dieses In-sich-Geschäft mit der Quote längst auf die Nerven.

Der (inzwischen Ex-)Tatort-Kommissarin Simone Thomalla zum Beispiel. Sie antwortete 2013 auf die »Ihnen wird ein Wunsch für alle Frauen dieser Welt erfüllt, Ihre Bestellung bitte?«-Frage spontan: »Endlich Gleichberechtigung, ohne dabei über die Frauenquote sprechen zu müssen.« Denn warum, so Thomalla, sollte ein Mann auf ihr Kommando hören. Mit Augenaufschlag fragte die Schauspielerin: »Ist es ein weibliches Ziel, dass Männer auf die Kommandos von Frauen hören? Ich finde dies nicht. Wenn ich Glück habe, hört unser Hund auf mich.«

Die Buchautorin Barbara Bierach wagte schon 2002 Widerspruch. »Frauen sind weder intellektuell schwächer als Männer noch körperlich unterlegen.« Wenn sie sich immer noch »sanft, einfühlsam und teamorientiert mit den Krümeln von den Tellern der Macht abspeisen« ließen, machten sie sich halt zum »dämlichen Geschlecht«. Diese ewigen Quotendiskussionen würden da wenig helfen: »Wir haben in Deutschland qua Gesetz ein zweiteiliges System: Geführt wird im Vorstand! Der Aufsichtsrat berät und überwacht diese Führung. Wer mehr Damen in der operativen Chef-Funktion sehen will, muss Frauen also nicht für die Rats-, sondern für die Vorstandsebene qualifizieren, denn da wird wirklich entschieden, da werden Strategien beschlossen und Märkte gemacht.«

Barbara Bierach

»Ich bin absolut für mehr Frauen in Führungspositionen, aber gesetzliche Quoten für Aufsichtsgremien produzieren nicht automatisch mehr weibliche Topmanager.

Eigentlich kann die Sache nur umgekehrt funktionieren: Die für eine Kontrollfunktion nötigen Kompetenzen können nur in einer aktiven Entscheiderrolle aufgebaut werden. Ein substanzieller Frauenanteil in der ersten und zweiten Führungsebene wäre daher extrem wünschenswert – tatsächlich sind laut einer Erhebung des Deutschen Instituts für Wirtschaftsforschung von den 833 Vorständen der 200 größten deutschen Unternehmen aber nur 21 weiblich – das sind drei Prozent. Es wäre an der Zeit, da anzusetzen.«

Der Münchner Geschäftsführer Jon Christoph Berndt meint, dass Frauen nun langsam mal »in die Puschen« kommen könnten.

Jon Christoph Berndt

»Quoten manipulieren und instrumentalisieren. Und sie drängen tatsächlich zu einem ›Erfolg‹, wie ihn die Männer in den vergangenen Jahrzehnten als solchen definiert haben. Die Frauen sollten ihre eigene Form von ›Erfolg‹, der vor allen Dingen in die Zeit passt, definieren und konsequent verfolgen. Dann gibt es gute Chancen dafür, dass dieser ›neue Erfolg‹ als besonders erstrebenswert angesehen wird; mit der Zeit auch von den Männern. Und Quoten sind passé.«

Der Schriftsteller Walter van Rossum findet mit Sinn für Satire und Sartre, das sei einfach mittlerweile alles lächerlich: Als Sartrianer müsse er nur einmal bei J. P. Sartre nachschauen. Habe der doch so treffend in »Die Wörter« geschrieben: »In meinem ganzen Leben habe ich keinen Befehl erteilen können, ohne dabei lachen zu müssen, ohne dass man darüber gelacht hätte.«

Sind Chefs nicht tatsächlich komisch? Und Chefinnen auch?

Quote hin, Quote her – ein paar Fakten ändern sich ja langsam. Zum Beispiel die Zahl der Aufsichtsratssitze in den größten deutschen Unternehmen. Gemessen an der Ausgangsposition, die nahe Null lag, holen die Frauen ohnehin auf.

Der Frauenanteil in den Vorständen der dreißig Dax-Unternehmen ist zwar in 2013 zurückgegangen. Er fiel, so das Deutsche Institut für Wirtschaftsforschung (DIW), mit 6,3 Prozent um 1,5 Prozentpunkte geringer aus als im Vorjahr. Dagegen sei der Anteil in den Aufsichtsräten um 2,5 Prozentpunkte auf rund 21,9 Prozent gestiegen. Und in den zweihundert größten deutschen Unternehmen stieg der Frauenanteil in den Vorständen um 0,4 Prozentpunkte auf 4,4 Prozent, wie aus dem Managerinnen-Barometer des DIW hervorgeht. Also: Es bewegt sich was.

Und seit Anfang 2014 tut die neue und große Koalition ein Übriges für ihre jüngst entdeckten weiblichen Wähler. Sie wirft ihnen einen Köder hin, der Quote heißt. Allerdings nur für eine besondere Spezies: Aufsichtsräte börsennotierter Unternehmen sollen ab 2016 einen weiblichen Anteil von mindestens dreißig Prozent aufweisen. Besser als nichts, sagen die einen, Augenwischerei, die anderen. Topmanager geben es offen zu, wenn man sie fragt und sie anonym bleiben können: »Um in den Vorstand zu kommen, spielt die Qualifikation jedenfalls überhaupt keine Rolle.«

Irgendwie verstehe ich, dass immer mehr Frauen die Lust am Wettlauf mit den Männern auf den Gipfel verlieren.

Im Endstadium seiner Entwicklung soll der Genderismus also den Ansatz für die Lösung aller Probleme zwischen Männerwelt und Frauenreich liefern können. Für Gleichberechtigung, fairen Chancenausgleich und Toleranz zwischen den Geschlechtern sorgt dann der Idealtypus eines genderbewussten Einheitsmenschen. Und der wird nicht automatisch in diese Welt hineingeboren. Den müssen Eltern, Gesellschaft und Politik in einem erzieherischen Prozess vom Windelalter an formen. Er und sie sollen schließlich verlässliche Bürger der angestrebten Genderdemokratie werden.

Aber auch mit diesem Konzept sind wir Alten, fürchte ich, schon ein wenig spät dran. Die Muster für mehrheitsfähiges Denken und Fühlen der Menschen lassen sich nicht mehr administrativ von Ministerien und Genderbeauftragten vorzeichnen. Die Generation Y und ihre Follower sind anderen prägenden Einflüssen ausgesetzt.

Welche Wirkung diese Einflüsse schon heute entfalten, lässt sich auf dem Arbeitsmarkt und besonders deutlich auf den Führungsetagen der Wirtschaft beobachten. Ein neuer Typus von Manager setzt sich durch. Und das nicht etwa, weil die Elite vor einer Gender-Prüfkommission erscheinen muss. Der neue Typus schafft den Sprung ganz nach oben, weil sich auch dort ein von der Generation Y geprägtes neues Wertesystem durchzusetzen beginnt.

Jenseits von Bonus und Burn-out

>»Der Anfang ist die Hälfte des Ganzen.«
>
>*Aristoteles*

»Wir wissen oft nicht mehr, was die wollen: Gehen sie oder bleiben sie, und wenn ja wie lange?«, vertraute mir ein befreundeter Pressesprecher aus der Autoindustrie »unter drei« an. Und er wollte auch mit der nächsten Aussage nicht zitiert werden (genau das bedeutet »unter drei« im Journalistenjargon). »Mein Chef will davon nichts hören. Das zickige Gehabe von Frauen in Führungspositionen findet er völlig unverständlich und die jungen Leute, die schon mit einem Sack voller Forderungen zu uns kommen, gehen ihm echt auf die Eier.«

Auch dieser Chef, der dann »keine Lust hatte, sich mit so was überhaupt zu beschäftigen«, wird sich in eine neue Arbeitswelt hineinfinden müssen. Ihm wird nichts anderes übrigbleiben, als flexibel auf die sich wandelnde Lebensplanung vor allem von gut ausgebildeten Frauen, aber auch von erfolgreichen Männern und der jungen Generation einzustellen. Jene Manager und Führungspersönlichkeiten, denen es gelingt, das Verlangen ihrer Mitarbeiter nach einer neuen Balance zwischen Beruf und Privatem zu organisieren, werden in Zukunft die Nase vorn haben. Nur ihnen wird es gelingen, mit einer zufriedenen Belegschaft Kreativität und Produktivität ihrer Unternehmen zu verbessern. Auch oder gerade weil es dann nicht mehr als besonderer Leistungsnachweis gelten wird, wenn die Lichter in den Büros bis Mitternacht brennen. Doch noch ist das Beharrungsvermögen groß, noch ist die Neigung, sich auf die neue Arbeitswelt vorzubereiten, nicht sehr verbreitet.

Ich habe im Jahre 2012 zwanzig DAX-Unternehmen angeschrieben und gefragt, ob und wie sie sich darauf vorbereiten, dass in Zukunft womöglich die Besten gehen, bevor sie kommen. Seither kenne ich viele Förderprogramme, noch mehr Köderwerkzeuge, die helfen sollen, die Guten zu fangen und zu halten (»ein Android-Handy, wenn sie bei uns mal schnuppern und bleiben«), Genderpläne und »Codes of Conduct« (Verhaltenskodex) für den Umgang zwischen oben und unten. Eine junger Münchner Anwalt erzählte mir: »Früher hätten wir uns freiwillig verpflichtet, rund um die Uhr zu arbeiten, nur um bei dieser bekannten Unternehmensberatung eine Stelle zu bekommen. Heute steht da niemand mehr Schlange.« Warum? »Die sind ziemlich hinterher mit dem, was Work-Life-Balance angeht.«

»In vielen Firmen fehlt eine klare Linie und oft sogar das Begreifen, was diese Generation überhaupt will«, bestätigt der Unternehmensberater und Generationenexperte Ralf Overbeck. Zumindest meine Kollegen aus dem Journalismus sind inzwischen problembewusst. Seitdem ich mir den Google Alert »Generation Y« eingerichtet habe, kann ich das täglich nachlesen. Google ist so freundlich und informiert mich per E-Mail über neue größere Artikel zum Thema. Mit ein, zwei Berichten im Monat habe ich gerechnet. Weit gefehlt. Da kommt jetzt jeden Tag ein Sortiment von Artikeln, in dem darüber berichtet wird, wie sich die Ansprüche ändern und wie wenig die Praxis bisher darauf reagiert. Dabei sagen meine sachkundigen Kollegen voraus, dass die Unternehmen bald um jedes Talent kämpfen müssen.

Jüngst trafen sich in einem Hamburger Luxushotel Personalmanager verschiedener Branchen und Länder zu einem Kolloquium. Sie wollten Erfahrungen austauschen und gemeinsam üben, diese fremden jungen Wesen, die sich neuerdings bei ihnen um eine Anstellung bewerben, besser zu verstehen. Zunächst wurde das Auswahlverfahren simuliert. Die Aufgabe: Einem zusammengewürfelten Team wurden drei Bewerber für einen Leistungsposten präsentiert. Die Herren Personalmanager aus unterschiedlichen Branchen und Ländern sollten sich möglichst einstimmig auf einen Kandidaten einigen.

Die Wahl war nicht leicht. Alle drei fiktiven Kandidaten waren hoch qualifiziert. Jedem war lediglich ein kleines mögliches Ausschlusskriterium eingebaut worden. Einer der drei, nennen wir ihn Carsten, schien das Rennen zu machen. Uneins waren die Personaler nur über die Bewertung einer eher unbedeutenden Begebenheit aus Carstens privatem Bereich. Wegen seines emsigen Engagements im Job hatte er die Geburtstagsfeier seines vierjährigen Sohnes vergessen. Auf die Frage, ob er denn seinen Papa vermisst habe, wird der Kleine in den Personalunterlagen für die Bewerbung mit den Worten zitiert: »Papa? Der tommt nie. Mama tauft Geschenke.«

Die Manager werteten das als weiteren Beweis für die Leistungswilligkeit des Kandidaten und wollten ihn anheuern. Nur der Vorstand eines Industrieunternehmens aus Norwegen legte sein Veto ein: »Bei uns würde Carsten nie eingestellt werden. So herausragend er im Geschäftlichen zu sein scheint, so deutlich sind seine Defizite in seinem persönlichen Leben.«

»Uns interessiert nur, was er im Unternehmen macht«, entgegneten die anderen. Der Norweger erklärte: »Wenn die Balance zwischen Geschäft und Privatleben nicht stimmt, dann wird sich das langfristig negativ auf die Arbeit auswirken.«

Den deutschen Geschäftsleiter, der mir diese Geschichte erzählte und der selber für Carstens Einstellung stimmte, hat der Einwand des norwegischen Kollegen nachdenklich gemacht. Er hat eingesehen, dass die festen Leistungskriterien, nach denen bisher ausgewählt wurde, ins Wanken geraten. Die Unsicherheit in den Personalabteilungen nehme zu, hat er beobachtet, und er gibt zu: »Wir wissen manchmal selber nicht mehr, wen wir eigentlich suchen und wofür.«

Danach durften die Herren im Hamburger Kolloquium üben,

Stellenprofile zu erstellen. Auch dabei ging es nicht mehr nur wie früher darum, die Leistungsanforderungen des Arbeitsplatzes zu definieren.

Manchmal geht mir das Bemühen, dem gesuchten Mitarbeiter möglichst genau vorab zu beschreiben, was ihn erwartet, doch zu sehr ins Detail. Bei Axel Springer fand ich im nasskalten Frühling 2013 beispielsweise folgende Stellenausschreibung. Gesucht wurde ein »Senior manager digital Marketing mit Boyaksha Electronic Beats für top strike Media Impacting«. Ich vermute, dass ich außer der Tatsache, ein »Senior« zu sein, keine der übrigen Anforderungen erfüllen würde. Wissen tue ich es nicht, denn ich habe nicht die geringste Vorstellung, wonach gesucht wurde.

Vergessen wir mein hinterwäldlerisches Unwissen. Wichtig ist: In der neuen Arbeitswelt müssen die sogenannten weichen Faktoren wie die soziale Kompetenz deutlich stärker als bisher berücksichtigt werden. Ein Topmanager aus der Kommunikationsbranche erzählt: »Als ich anfing, galt es, möglichst laut und aggressiv seine Macht zu demonstrieren und den anderen zu zeigen, wo es langgeht. Das nannte man Führungsqualität.« Das habe er perfekt beherrscht, weil er äußerst entscheidungsfreudig sei. Genau solche Fähigkeiten aber schätzten die jungen Leute nicht mehr. Das Führungsgehabe von früher sporne sie nicht an, sondern verscheuche sie.

Das ist der Abgesang auf die einst so überheblichen Managertypen etwa vom Schlage des ehemaligen Vorstandsvorsitzenden der Deutschen Bank AG, Hilmar Kopper. Dem entlockten 1994, nach der Millionenpleite des Baulöwen Jürgen Schneider, die Nöte der kleinen, von Schneider nicht bezahlten Handwerker nur ein Lächeln: »Wir reden hier eigentlich von Peanuts.« Es ging immerhin um fünfzig Millionen D-Mark. Ein solch verächtliches Umgehen derer da oben mit denen da unten scheint mir heutzutage beinahe unmöglich. Und ich baue mit dieser Hoffnung zuversichtlich auf die Generation Y.

Nachdem er erkannt hatte, dass er mit Poltern und Arroganz nicht mehr ankomme, nahm mein vielbeschäftigter Topmanager und Teilnehmer des Hamburger Personalleiter-Kolloquiums eine Woche Auszeit auf Mallorca. Da übte er gemeinsam mit achtzehn anderen deutschen Führungskräften aus der Wirtschaft innezuhalten (»konnte ich gar nicht«), im Team zu arbeiten (»war nicht mein Ding«), eine Entscheidung erst eine Nacht zu überschlafen (»noch nie gemacht«) und am Kletterfelsen die gemeinsame Leistung durch gegenseitige Hilfestellung zu steigern. Das habe viel gebracht, berichten Teilnehmer übereinstimmend. Sie hätten gelernt, dass nicht mehr der kraftvolle Führer, sondern der einfühlsame Kommunikator die Leitfigur der Zukunft sei. »Team« heißt plötzlich nicht mehr »Toll, ein anderer macht's«. Es gehört neuerdings zu den ernst gemeinten Lieblingsvokabeln des Führungspersonals.

Einige der weichgespülten Alphatiere haben es schon bis in die Führungsriege von Spitzenunternehmen geschafft. Für die *Wirtschaftswoche* und *Zeit Online* haben Kerstin Bund und Uwe Jean Heuser den neuen »Anti-Alphas« aufgelauert. Die neue Generation von CEOs, so fanden die Kollegen heraus, sei »offen, zugänglich und unprätentiös. Sie beantworten ihre E-Mails selbst, tragen ihren Aktenkoffer, wissen, wie man im Internet einen Flug bucht oder per Smartphone eincheckt.« Ja, sie fahren sogar mit der S-Bahn statt in gepanzerten Limousinen.

Die beiden *ZEIT*-Redakteure taten sich nicht schwer, die neue Spezies aufzuspüren. Sie fanden beispielsweise den Niederländer Peter Terium, er ist seit 2012 Vorstandsvorsitzender des Energiekonzerns RWE. Er verkörpert den neuen Typus des asketischen, sich selbst kontrollierenden Managers. Er isst vegetarisch, trinkt wenig Alkohol, regeneriert Körper und Geist regelmäßig beim Yoga und verlässt Geschäftstermine am Abend nie später als 23 Uhr. »Fitness ist das neue Statussymbol der Manager«, weiß die Personalberaterin Christine Stimpel, die für das *Handelsblatt* eine

Umfrage unter 1 225 Managerinnen und Managern in Deutschland ausgewertet hat.

Der frühere Deutschland-Chef der Unternehmensberatung McKinsey Herbert Henzler prophezeit: »Die Alphatiere sterben aus.« Beta-Buben treten ihre Nachfolge an. Beta-Buben statt Alphatiere? Ist das jetzt der Beweis für die Gendertheorie, die jedem Mann alles Weibliche und jeder Frau alles Männliche zutraut? Es ist jedenfalls auffällig, dass sich die angeblichen Herren der Schöpfung den Verhaltensmustern annähern, die bisher als typisch weiblich galten. Je nach Einstellung wurde die eher zurückhaltende und soziale Art, wie Frauen Managementmacht im Allgemeinen einzusetzen pflegen, gelobt oder verurteilt. Und nun plötzlich suchen da die Beta-Buben das Macho-Mädchen mit dem guten Gefühl fürs Soziale? »Na ja, ganz so zugespitzt würd ich das nicht beschreiben«, erklärt mir der einst Harte-Brocken-Manager nach seinem Training auf Mallorca. Aber eine verschüttete Tugend müssten wohl alle wieder ausgraben: Das »We-feeling«, das die Älteren unter uns noch als Wir-Gefühl kennen. Ohne dies, so glaubt er, kämen wir nicht weiter: »Das ›Wir‹ könnte endlich wieder ein gemeinsamer Nenner werden.« Und ergänzt: »Das wird kommen.«

Dies sind alles noch Perspektiven, Träume oder Visionen. Derzeit überwiegen im Managerdasein der X-Generation noch häufig jene Merkmale, die den jungen Nachwuchs der Generation Y davon abhalten, den beschwerlichen Aufstieg an die Spitze anzustreben; und erfolgreiche Frauen dazu bringen, vor oder auf dem Gipfel auszusteigen. Denn immer noch gelingt es den wenigsten, eine zufriedenstellende Balance zwischen Arbeit und Privatem zu erreichen. Die Belastung ist immer noch derart hoch, dass weder für ausreichend Schlaf noch für Partner oder Familie genügend Zeit übrigbleibt.

In der Befragung des *Handelsblattes* gab über die Hälfte der Top-Leute an, dass sie regelmäßig bis zu sechzig Stunden in der

Woche für den Job unterwegs sind. Jeder Fünfte bringt es sogar auf siebzig Stunden, und immer noch fünf Prozent knacken auch noch diese Marke. Aber was nachdenklich stimmt: Jeder zweite der 1 225 befragten ManagerInnen war unzufrieden mit der persönlichen Work-Life-Balance. Und nur zwanzig Prozent fanden, dass sie einen guten Ausgleich zwischen Beruf und Privatleben gefunden hätten. Das wird die Generation Y ändern. Oder – so vermute ich – sie kommen erst gar nicht.

Einfach die Welt ein bisschen updaten

»Glaubst du, das strengt nicht an, so zwischen
Himmel und Meer zu schweben.«

Eduard Graf von Keyserling, deutscher Schriftsteller

Die Digital Natives wachsen mit einem Gefühl von grenzenloser Beweglichkeit auf. Das beeinflusst auch ihre Einstellung zur Arbeitswelt. Die aus der Sicht der digitalen Immigranten »gute« alte Zeit, als Arbeitnehmer ihren Betrieb als Teil ihrer Heimat annahmen und Unternehmen alles taten, ihre Belegschaft ein Arbeitsleben lang zu binden, diese gute alte Zeit ist spätestens – wie oben beschrieben – mit der Einführung des Smartphones zu Ende gegangen. Heimat ist heutzutage etwas anderes.

Wenn ich an zu Hause denke, dann erinnere ich mich an eine kleine Bäckerei, in der ich alleine Brot kaufen durfte. Ich rieche den moderigen, von leichtem Dieselgeruch durchsetzten Hauch, der stets vom Rhein herüberwehte. Ich sehe die Straßenecke vor mir, wo ich an der Bordsteinkante abgerutscht bin. Sechs Eier gingen dabei zu Bruch und verwandelten mein schönes Kleid in einen schmierigen Fetzen. Heimat eben. Klein und überschaubar, vertraut und zu Fuß zu durchmessen.

Die Major-Tom-Generation erlebt das anders. Wenn Internetstar Philipp Riederle beschreibt, wo er sich zu Hause fühlt, dann vergisst auch er nicht, sein Städtchen im Schwäbischen und seine Oma zu erwähnen. Aber zu Hause fühlt er sich auch überall sonst in der Welt. Daheim ist dort, wo ihn die Kommunikation über das WWW hinführt. »New York, Tokio, überall auf der Welt ist Zuhause«, sagt er selbst. Und überall finden sich Freunde und bilden sich Freundschaften, wenn es sein muss interkontinental.

Das macht jetzt schon den ländlicheren Regionen zu schaffen. Und sie tun einiges, um diese internationalen Kids wieder an die Krume zu binden. Wenn Bayern heute um Spitzenkräfte für seine florierende Wirtschaft wirbt, spielen die drei großen bayrischen Bs eine wichtige Rolle: Bier, Brezn und Berge. Für die Lederhosenlaptop-Einwanderer reicht das gerade noch, andere Regionen müssen mehr buhlen. Mit attraktiven, hoch dotierten Arbeitsplätzen allein kann heute keine Region mehr im Wettbewerb um die Besten punkten. Deshalb setzte jüngst Baden-Württemberg, direkter Konkurrent des schönen Bayernlandes, noch eins drauf auf die Oktoberfestmasche des Nachbarn. Das Bekenntnis der Baden-Württemberger »Wir können alles außer Hochdeutsch« war ein wenig in die Jahre gekommen. Und was nahmen die Baden-Württemberger, die nicht nur alles, sondern alles besonders langsam können, nun für sich in Anspruch? In ihrem Ländle, so warben sie 2013 in ganzseitigen Anzeigen, sei »La Deutsche Vita« zu Hause. Nicht etwa beim östlichen Nachbarn, dessen Hauptstadt München für sich beansprucht, die nördlichste Stadt Italiens zu sein.

Die schwäbischen Nuschler begründen dies mit einer Anleihe bei der berühmtesten Popband aller Zeiten ABBA: »Mamma Mia, werden Sie auch sauer, wenn Sie merken, dass vor lauter Arbeit das süße Leben viel zu kurz kommt?«, fragten die Südwestler die umworbenen Fachkräfte, die womöglich irgendwo im Lande ohne Spaßfaktor vor sich hin arbeiten. Denn das könne in Deutschland schnell passieren. Die Antwort – diesmal mit einer Anleihe bei Asterix und Obelix: »Halt, nicht überall in Deutschland! Im Südwesten der Republik gibt es ein Land, in dem es sich gut arbeiten und gut leben lässt.«

Ich befürchte, bei unserem Nachwuchs kommt das nur noch »derbe« (so heißt heutzutage »vollgeil« oder auch »vollblöd«) an. Der Werbespruch gehört wohl mal upgedatet?

Sichere Bastionen gibt es eh nicht mehr

»Man denkt die ganze Zeit: Wo ist denn das Leben?
Geht es schon los, oder habe ich den Schuss nicht gehört?«

Barbara Schöneberger

Ich als 55-jährige heimatverbundene, greise digitale Immigrantin würde mich jetzt gern ein wenig zurücklehnen und sagen können, diese Computerkinder, die irgendwann verkümmerte Nackenmuskeln und Handydaumenkrankheiten haben werden und die ich dummerweise mit großgezogen habe, bringen es ja auch nicht. Wäre schön, wenn ich mich wenigstens ein wenig über die Faulheit und den Leistungsunwillen dieser eigenwilligen Jugend aufregen könnte. Aber weit gefehlt. Die Shell-Jugendstudie von 2010 hat ergeben, dass Jugendliche fleißig sind: Mehr Jugendliche denn je erreichen einen qualifizierten Schulabschluss. Und die Uni wird gleich hinterhergeschoben. Schneller und effektiver als es meiner Generation je eingefallen wäre.

Wie geht das bei dieser oberflächlichen IT-Jugend? Sie sind einfach nur anders geworden, als wir ihre Entwicklung mit Knöpfen im Ohr und den Fingern auf Handytasten vorausgesehen haben. Unsere Kinder machen uns vor, wie man mit den multimedialen Angeboten umgehen kann, ohne zuerst die Übersicht und dann die Nerven zu verlieren.

151

Michael Schulte-Markwort, Klinikdirektor der Kinderpsychiatrie am Universitätsklinikum in Hamburg, beschrieb das in einer Titelgeschichte von »Gesund leben« (*Stern*) im Jahre 2012 so: »Jeder klagt, dass er mit der SMS- oder E-Mail-Flut nicht mehr klarkommt. Auch mir geht es nicht anders.« Aber, so räumt er ein: »Erwachsene stehen den digitalen Medien oft zu misstrauisch gegenüber. Das ist wie mit der Sesamstraße, die der bayerische Rundfunk anfangs nicht ausstrahlen wollte, weil man überzeugt war, sie schadet den Kindern. Heute glauben wir, Facebook schade – doch die Kinder gehen kompetent damit um. Aber natürlich muss man ihnen erst beibringen, sich im Mediendschungel zurechtzufinden und eine gewisse ›Mengenlehre‹ zu beherzigen, damit die Zeit vor dem Bildschirm im rechten Verhältnis zu anderen Tätigkeiten steht.«

Meine jungen Kollegen sind sechzehn Stunden am Tag online, informieren sich ständig via Facebook, Twitter und in diversen Blogs darüber, welche Themen Gleichgesinnte in der Community diskutieren. Sie sind schnell und erwarten prompte Antworten. Die Generation Y fragt permanent nach dem Sinn des eigenen Tuns, im Großen wie im Kleinen. Es ist ein unmerklicher Kampf in kleinen Schritten, kein lauter Aufstand, wie meine Generation ihn gerne zelebrierte. »Diese Grenzen, wie ihr sie überschreiten wolltet mit eurem Flower-Power-Zeug, so was haben wir eben nicht mehr«, erklärt mir David, der gerade sein Abitur mit einer Eins vor dem Komma baut. »Unsere Ansprüche sind pragmatisch und deshalb gut«, meint er. David kann sicher eine veritable Karriere hinlegen, wenn er denn will. Gepampert werden will er nicht, aber wertgeschätzt. »Lehrjahre sind keine Herrenjahre«, sagten unsere Großväter. David hält es mehr mit der Weisheit des Prinzen Orlowsky aus der Strauß-Operette »Die Fledermaus«: »Chacun à son goût!«

Darin sieht Udo Bohdal, Partner Human Capital Advisory Services bei Deloitte, auch eine wesentliche Herausforderung für Führungskräfte. »Die jungen Mitarbeiter brauchen Wertschätzung für das, was sie geleistet haben, aber nicht dafür, wie sie es geleistet haben. Ein inhaltsloses Lob wie ›toll gemacht‹ ist hier nicht angebracht.«

Thomas Sigi, Personalvorstand bei Audi, wollte es 2012 genauer wissen. Er ließ die jungen Mitarbeiter des Autoherstellers nach ihren Wünschen und Ansprüchen befragen. Sie waren im Schnitt seit eineinhalb Jahren bei Audi. Die Ergebnisse verblüfften Sigi. So konstatierte er im August 2012 im *Spiegel*-Interview: »Alles das, was eine hierarchische Organisation ausmacht, wird auf den Prüfstand kommen: Herrschaftswissen, Kontrolle, zentrale Steuerung, Machtspielchen. Stattdessen werden offenes Wissensmanagement, flache Organisationen, gelebte Work-Life-Balance, hierarchielose Kommunikation und Vertrauen wichtiger – für Führungskräfte und für Mitarbeiter.« Weitergefragt, wie er oder überhaupt irgendwer mit solchen anspruchsvollen Youngstern arbeiten solle, meint der Personalvorstand: »Für diese Generation soll die inhaltliche Aufgabe und nicht die Arbeitszeit im Mittelpunkt stehen. Daneben sind ihnen selbstständiges Arbeiten, Selbstverwirklichung und Gestaltungsspielräume wichtig – allerdings eher im Rahmen konkreter Projekte, nicht prinzipieller gesellschaftlicher Veränderungen.«

Diese Generation will nicht mehr die Welt verändern, sondern ein kleines bisschen besser machen. Ein Update streben die Jungen an für eine Software, die im Grunde gut funktioniert. Das hat Audis Personalvorstand Sigi bei der Befragung seines Nachwuchses herausgefunden. Da ist nichts Revolutionäres im Spiel. Ein Mausklick ist kein Umsturzversuch. Aber die Welt ein wenig verändern kann er schon.

Eine unvollkommene Liste der Schlagworte für neue Arbeits- und Organisationsformen gefällig? Hier ist sie: Vertrauensarbeitszeit, Gleitzeitkonto, Gleitzeit-Kernzeit-Kombi, Angehörigenpflege, Jobsharing, Schulferienbetreuung, Teilzeitmodell, Eltern-Bonuszahlung, Gesundheitsprogramm, Transportservice, Auszeitenmodell, Coaching, Elternzeit-Patenprogramm, Wiedereinstiegsangebot, Kommunikationsoffenheit, lebenslange Fortbildung, Co-Working-Spaces, Heimarbeitszeit, oder eben Nine-to-five und Workaholic. Natürlich erfindet damit auch unsere Y-Diven-Generation die Welt nicht neu. Die Suche nach dem Optimum des Lebensgefühls ist so alt, wie wir neu über Arbeitsstrukturen nachdenken. Schon Friedrich Nietzsche klagte einst in »Die fröhliche Wissenschaft«: »Die Arbeit bekommt immer mehr alles gute Gewissen auf ihre Seite. Der Hang zur Freude nennt sich bereits ›Bedürfnis der Erholung‹ und fängt an, sich vor sich selber zu schämen. ›Man ist es seiner Gesundheit schuldig‹ – so redet man, wenn man auf einer Landpartie ertappt wird. Ja, es könnte bald so weit kommen, dass man einem Hange zur vita contemplativa (das heißt zum Spazierengehen mit Gedanken und Freunden) nicht ohne Selbstverachtung und schlechtes Gewissen nachgäbe.«

Was Nietzsche vermisste, das Streben nach sozialer Anerkennung des Müßiggangs, das heißt heute Downshifting. Der englische Begriff, der besonders Lkw-Fahrern bekannt ist und so viel wie »einen Gang runterschalten« meint, trifft ziemlich genau, was der Leipziger Philosoph schon vor 200 Jahren angesprochen hat. Es geht darum, ein erfülltes Leben anzustreben und sich nicht von zeitgenössischen Strömungen davonschwemmen zu lassen. Frei nach Nietzsche: Heutzutage wird downgecoolt.

Bevor mir spätestens jetzt jemand vorwirft, ich trage die Farbe Rosa mit dem Gipsspachtel auf und es gäbe ja auch noch die Mehrheit der anderen – jawohl, es gibt sie. Es gibt immer noch die vielen Männer, die gerne mehr Zeit mit ihren Kindern verbringen würden, aber sich dem Druck der männlichen Karrierewelt widerstandslos fügen. Es gibt immer noch diese Männer, die der Meinung sind, dass alles, was zu Hause abläuft, Frauensache ist. Zeitbudgetstudien belegen das. Und es gibt die vielen arbeitenden Frauen, die nicht nur im Schnitt für dieselbe Arbeit über zwanzig

Prozent weniger verdienen als die Männer, sondern auch noch fürchten, ihre Kinder zu vernachlässigen. Das schlechte Gewissen ist noch immer bei den Frauen zu Hause.

Und es gibt die jungen Menschen, die ganz und gar nicht in das neue Klischee von der Generation Y passen, über das Smartphone direkt mit der Sonnenseite des Lebens verbunden zu sein. Ein Fünftel der Generation Y hat keinen Schulabschluss. Oft sind es die jungen Männer, die das trifft. Ihr Leben wird schnell zur Realversion von »World of Warcraft« – einem beliebten und brutalen Videospiel. Wenn wir sie kopfschüttelnd beim Daddeln beobachten, müssen wir verstehen lernen: Sie wollen arbeiten, nur anders als wir digitalen Immigranten es gelernt haben.

Easy Economy, ROWE und so

> »Wir werden nicht sterben,
> dazu sind wir viel zu beschäftigt.«
>
> *Viviane Forrester, französische Schriftstellerin*

So steht uns ein Wandel bevor, der in seinen Auswirkungen auf das Denken und Leben eines jeden Einzelnen wohl nur mit dem Aufbruch in das Industriezeitalter zu vergleichen ist. Sozialwissenschaftler decken uns seit Jahren mit Studien und Voraussagen ein. Sie haben jedes Problem durchleuchtet, jede mögliche Schlussfolgerung gezogen. Lösungen haben sie kaum oder gar nicht.

Fassen wir die lange Mängelliste noch einmal zusammen: demographischer Wandel und Fachkräftemangel, die fehlende Vereinbarkeit von Beruf und Familie, die Betreuungssituation von Kindern, mangelnde Bildungschancen der sozialen Unterschicht, die sich öffnende Schere zwischen Arm und Reich, die Stellung von

Mann und Frau in der Gesellschaft und ihre Ungleichbehandlung. Und jetzt fordern die Ypsiloner noch Glück und Zufriedenheit dazu. Die vielstrapazierte Work-Life-Balance.

Von der Arbeit und deren Bezahlung hängt von jeher auch das Sozialprestige ab, das der Einzelne genoss. Und jetzt soll die Arbeit nicht mehr nur möglichst viel Geld bringen, sondern auch noch Spaß machen? Dieses Verlangen ist recht neuen Datums. Unsere Urahnen assoziierten mit Arbeit Mühsal und Lebenserhalt, sicher nicht Wertschätzung. »Arbeiten heißt Pflicht, und Pflicht macht Freude« lehrte mich meine Großmutter. Soziologe Max Weber nennt Arbeit den von »Gott vorgeschriebenen Selbstzweck des Lebens überhaupt«.

Heute ist das mit dem lieben Gott so eine Sache. Irgendwie sollte das göttliche Wohlgefallen bitte schön schon auf Erden beginnen. Etwa bei der Arbeitszeit. Es gibt mittlerweile Unternehmen, bei denen sind die Arbeitszeitmodelle so zahlreich wie die Speisen auf der Menükarte eines chinesischen Restaurants. »Manchmal wird mir das wirklich zu viel«, gestand der Redaktionsleiter einer großen bundesdeutschen Zeitung jüngst, »wir verstehen uns noch zu Tode.« Da komme mittlerweile jeder mit Sonderwünschen. Der eine wolle halbtags arbeiten, der andere dreimal die Woche. Zehn Prozent, zwanzig Prozent oder dann doch wieder dreißig Prozent, niemals sonntags und im Januar nur die Hälfte – es sei zum Haareraufen, behauptet der glatzköpfige Redaktionschef. »Und wir nicken das ab«, mosert er, »und fragen auch noch, wie viel Prozent es denn im nächsten Monat sein dürfen. Versuchen Sie da mal, Dienstpläne zu machen.«

In seiner Firma gibt es inzwischen 100 unterschiedliche Teilzeitmodelle. Immer mehr Angestellte fordern diese ein und arbeiten etwa nur halbtags oder ein Jahr voll, aber zum halben Gehalt, und bekommen dafür im nächsten Jahr komplett frei, ebenfalls zum halben Gehalt. Andere setzen auf Jobsharing, teilen sich also einen Arbeitsplatz mit einem Kollegen. Und immer geht es nur um eins, mit einer variablen Balance von Beruf und Freizeit eine möglichst hohe Stufe auf der persönlichen Wohlfühlskala zu erreichen.

In einem Unternehmen, das versucht den Ansprüchen der Ypsiloner gerecht zu werden, gibt es freitagnachmittags ein TGIF-Event (»Thank God, it's Friday!«). Die Kantine kocht bio, der Strom kommt aus regenerativen Energiequellen Das Fitnessstudio bietet Yoga und Hip-Hop an. Der Masseur renkt danach eventuelle Schäden wieder ein. Alles während der Arbeitszeit, versteht sich. Immer mehr Firmen machen es dem Arbeitgeber Google nach. Schließlich haben internationale Hochschulabsolventen Google mehrfach zum beliebtesten Arbeitgeber der Welt gewählt. Da wollen andere Unternehmen nicht zurückstehen. Die Firma des 21. Jahrhunderts wird mit Kinderaufbewahrungsorten, Sport und anderen Freizeitangeboten immer mehr lebendiger Teil des Lebens. An den Grenzen zwischen Arbeit und Freizeit, zwischen Urlaub und Maloche werden die alten Schlagbäume abgebaut.

Eine Umfrage des IT-Branchenverbandes hat zudem ergeben, dass bereits ein Drittel der im Auftrag des BITKOM befragten Berufstätigen regelmäßig von zu Hause aus arbeiten.

Etwa bei Microsoft. Im August 2013 bekamen die Mitarbeiter der deutschen Tochtergesellschaft des amerikanischen Softwarekonzerns eine E-Mail ihrer Geschäftsleitung. Darin teilte ihr Arbeitgeber ihnen mit, dass in Zeiten von Telefon- und Videokonferenzen gute Zusammenarbeit nicht mehr den täglichen Gang ins Büro erfordere. Diese Neuregelung sei eine klare Entscheidung für eine flexible, individuelle Selbstbestimmung, mit der »die eigenen Regelwerke den Lebenswirklichkeiten angepasst« werden sollen, begründete die Geschäftsleitung ihren Schritt. Im offiziellen Presseblog zeigte sich im August 2013 Microsoft mit der Neustrukturierung äußerst zufrieden. In ihrer »Studie zu flexiblen Arbeitsmodellen: mehr Mitarbeiterbindung & Work-Life–Balance« heißt es:

»Mitarbeiter, die flexible Arbeitsmodelle nutzen, sind zum Bei-spiel nur halb so gestresst wie ihre Kollegen. 90 Prozent von ihnen sind außerdem zufriedener mit ihrem Leben. Doch auch Arbeitgeber profitieren: Home Office & Co. reduzieren ungeplante Abwesenheiten um 63 Prozent. Zudem wechseln Mitarbeiter, die selbst entscheiden können, wann und wo sie ihre Aufgaben erledigen, deutlich seltener den Job. Am Ende sind flexible Arbeitsmodelle somit eine Win-Win-Situation für beide Seiten: Arbeitnehmer und Arbeitgeber.«

Nicht nur bei den neuen Stars des IT-Zeitalters steht ein Upgrade der Arbeitswelt an. Auch in klassischen Unternehmen, in denen Präsenzpflicht selbstverständlich ist, wird ganz vorsichtig work-ge-balancet.

Beim Werkzeugmaschinen- und Laserspezialisten Trumpf können sich die Arbeitnehmer ihre Arbeitszeiten selbst zusammenbauen, so berichtet 2013 *randstadkorrespondent* über »Arbeitszeitmodelle – zur Nachahmung empfohlen«. Alle zwei Jahre können die Trumpf-Mitarbeiter neu bestimmen, ob sie ihre Wochenarbeitszeit beibehalten, erhöhen oder absenken wollen. Bis zu insgesamt 1 000 Stunden können die Mitarbeiter außerdem auf einem individuellen Arbeitszeitkonto sammeln und das Guthaben später für längere Freizeitblöcke abrufen oder die vorübergehend in Anspruch genommene Reduzierung ihrer Arbeitszeit damit finanzieren.

Die Vision der Arbeit heißt »Easy Economy«. Der Politologe Markus Albers war seiner Zeit weit voraus, als er 2008 in seinem Buch »Morgen komm ich später rein« einen revolutionären Ansatz effektiven Wirtschaftens entwarf:

»Viele Studien belegen, dass es im Büro durch Ineffizienz und Ablenkung dramatische Verluste an Produktivität gibt. Wenn Sie sich hingegen Ihre Arbeit selbst einteilen können, wenn Sie dann arbeiten, wenn Sie sich am fittesten fühlen und nachdem sie dringende Privatsachen erledigt haben, dann schaffen sie die Arbeit von neun Stunden in fünf. Der Rest ist gewonnene Freizeit. Ich habe mit großen Unternehmen von BMW und Daimler über die Deutsche Bank bis SAP und IBM gesprochen, außerdem mit vielen Mittelständlern. Überall ist das, was ich ›Easy Economy‹ nenne, gerade ein Riesenthema: Wenn Mitarbeiter nicht mehr jeden Tag ins Büro gezwungen werden, sind sie nachweislich motivierter, produktiver, kreativer und loyaler. Sie leisten mehr, kündigen seltener, haben bessere Einfälle.«

»Wir nennen dieses Buch nur noch liebevoll ›Unsere Bibel‹«, begeisterte sich damals die Netzideen GmbH. Der Ausflug in die Arbeitswelt von morgen wird zunehmend ein Ausflug in die Arbeitswelt von heute.

»Viele träumen von einem Szenario, in dem wir von einem abgelegenen Haus auf dem Lande aus arbeiten können«, sagt der Art-Director Tino Schädler (41), verantwortlich für schöne neue künstliche Welten in Filmen wie »Charlie und die Schokoladenfabrik« oder »Harry Potter«. Der deutsche Architekt träumte zeitgleich mit Albers in der WELT: »Der Cocoon schafft ein virtuelles Büro, in dem all die subtilen und spontanen Interaktionen des traditionellen Arbeitsplatzes möglich werden.« Und weiter: »Menschen auf der ganzen Welt könnten zusammenarbeiten.« Ihre Produktivität werde dabei nicht mehr davon bestimmt, wo sie sich aufhalten, sondern davon, was sie für das Vorankommen des Ganzen beitragen.

Gewiss ist das das Hollywooddenken eines Menschen, der die Kinowelt mit seinen Phantasien angereichert hat. Aber die Cocoon-Idee muss ja nicht gleich den ganzen Globus einspinnen. Im kleineren Maßstab kann aus Schädlers Science-Fiction durchaus Realität werden. Zusammen mit Vordenker Jared Cohen (31, Ex-Berater von Hillary Clinton) zeichnet 2013 Internetguru und

Google-Chef Eric Schmidt in seinem Buch »Die Vernetzung der Welt: Ein Blick in unsere Zukunft« ein faszinierendes Bild der schönen neuen Welt. Man stelle sich à la Schmidt vor:

> »Sie besitzen diverse austauschbare digitale Geräte – von der Größe eines Tablets oder einer Taschenuhr – sowie einige, die Sie am Körper tragen. Alle sind um ein Vielfaches leichter, schneller und leistungsstärker als alles, was Sie heute kennen.
>
> Sie sind zuversichtlich, was das Treffen mit Ihren Kunden angeht. Obwohl Sie ihnen nie persönlich begegnet sind, haben Sie das Gefühl, sie bereits zu kennen. Mit Hilfe einer Virtual-Reality-Schnittstelle haben Sie sich schon kennengelernt, indem Sie mit holographischen Avataren, die die Gesten und Aussagen Ihrer Gesprächspartner genauestens wiedergeben, kommunizierten.«

Noch ist das Vision. Doch erste Projekte dieser Art haben den Status von Prototypen bereits hinter sich gelassen. Sie sind reif für die Serie in verwaltendem und produzierendem Gewerbe. Immer mehr Beschäftigte können über die zeitliche Aufteilung ihrer Arbeitsleistung mitbestimmen. Eine neue Flexibilität ermöglicht es, dass sich die Arbeitswelt und das Private zum Vorteil des Einzelnen verzahnen. Die Entweder-oder-Entscheidung, berufstätig oder nicht, wird sich in Zukunft für viele Menschen erübrigen.

Selbst auf der Hauptstadtinsel Berlin hat sich der neue Trend schon herumgesprochen. Die Regierung erwarte, erklärte der damalige FDP-Wirtschaftsminister Phillip Rösler 2013, dass sich die Easy Economy schnell in der Wirtschaft ausbreitet. Der Freidemokrat: »Es ist gut, dass immer mehr Unternehmen die Zeichen der Zeit erkennen. Deutsche Unternehmen sind hier immer mehr Vorreiter, aber das kann erst der Anfang sein.«

Die bisher radikalste Umwälzung des stereotypen Arbeitsalltags vergangener Tage haben sich die amerikanischen Personaltüftler Jody Thompson und Cali Ressler einfallen lassen. Results-

Only Work Environment (ROWE) haben sie vor einigen Jahren ihre Revolution auf dem Gebiet der Personalführung getauft. ROWE bedeutet: Jeder kann jede Aufgabe jederzeit an jedem beliebigen Ort erledigen. Es gibt keine festen Arbeitszeiten mehr, keine Präsenzpflicht im Büro. Nur das Ergebnis zählt – Results-Only eben.

Als eines der ersten Unternehmen hat die amerikanische Elektronikmarkt-Kette Best Buy ROWE eingesetzt, mit vielversprechendem Erfolg. Und auch in Deutschland gibt es inzwischen ROWE-Versuche. Etwa beim Chemiegiganten BASF (113 000 Mitarbeiter) und beim Computerhersteller IBM Deutschland (6200 Mitarbeiter). Manches scheint noch in den Kinderschuhen: So können oft nur einzelne Mitarbeiter die Arbeitszeit nach Absprache frei einteilen. Doch der erste Schritt ist längst getan.

Und was in den Unternehmen im Kleinen geschieht, das wird im Netz – natürlich, möchte man sagen – auf eine weltweite Basis gehoben. Unternehmen schreiben Leistungen, die unabhängig von Ort und Zeit erledigt werden können, weltweit online aus. Ein-Mann- oder Kleinunternehmer aus Irgendwo gehen an die Arbeit und bieten Lösungen an. Das Unternehmen hat dann die Möglichkeit des »best choice«: Outsourcing – ohne Umzug und ohne Investitionen.

Einer der Pioniere dieses Geschäftsmodells, das sich die Leistungsfähigkeit digitaler Wolken (Clouds) zunutze macht, ist IBM. »Liquid Ressource« heißt die Plattform, über die der amerikanische IT-Riese weltweit Programmierer und Problemlöser mit Aufträgen versorgt. Ein Fachmann aus Mumbai oder Johannesburg tüftelt dann in seiner Hütte, Haus oder am Strand. Das Was zählt, nicht das Wie. Weltweit verstreutes Know-how wird einfach und auf digitalem Wege gebündelt.

Wie alles im Netz beeindruckt auch diese neue Art, günstig an die Leistungen von Spezialisten in aller Welt zu kommen, mit großen Zahlen. Die Online-Plattform Clickworker zum Beispiel schafft es mit gerade einmal dreißig Beschäftigten weltweit hunderttausende Freiberufler zu organisieren und sie mit Auftraggebern zu vernetzen. Und selbst die Großen wie die Telekom oder der Autobauer Honda bedienen sich inzwischen aus solchen Netz-Reservoirs.

Doch es sind auch die weniger anspruchsvollen Tätigkeiten, die inzwischen von den Selbstständigen am Laptop – den »digitalen Tagelöhnern«, wie die *Süddeutsche Zeitung* sie getauft hat – erledigt werden. Das Unternehmen 99 Designs mit Büros in San Francisco, Melbourne, Berlin, Paris und London etwa spricht Graphiker und Designer in aller Welt an. Auftraggeber lassen sich über 99 Designs alles entwerfen und gestalten, was es so gibt.

Modeschöpfern wird gerne vorgehalten, dass alles, was sie an vermeintlich Neuem über die Laufstege schicken, schon einmal da gewesen sei. Und mein Vater behauptet steif und fest, er kenne den Rhythmus der Krawattenmode und könne ziemlich exakt voraussagen, wann seine schmalen, gestrickten Binder, die er seit Jahrzehnten aufbewahrt, wieder tragbar sind.

Die neue Welt der Generation Y ist keine vergängliche Gesellschaftsmode. Die Umbrüche, die sich seit einigen Jahren in Wirtschaft und Gesellschaft vollziehen, sind nicht reversibel. Sie sind der Anstoß für weitere Veränderungen, die immer weiter wegführen von der Vergangenheit. Die Generation Y ist dabei, den Konsens darüber, was der Mensch in seinem Leben anstreben sollte und welche Leistungen er dafür zu erbringen hat, zu kündigen.

Die stabilen Mauern zwischen Arbeit und Freizeit, zwischen lästiger Pflicht und privater Freiheit sind gebröckelt. Leistungsanreize der Zukunft werden nicht mehr nur in Euro und Dollar gemessen, sondern auch in immateriellen Zahlungsmitteln wie Freude und Zufriedenheit. Persönliche Wünsche und private Träume dringen in alle Lebensbereiche vor. Das Fließband vergangener

Zeiten wird ersetzt von einer Arbeitswelt, in der Leistung auch in Einheiten von Glück gemessen wird.

Ich stelle fest: Die Strickkrawatten meines Vaters gehören wohl endgültig in denselben Kleidersack, in dem meine Tochter schon meinen alten – wirklich schönen – Lederrucksack entsorgte.

You only live once – macht euch locker

»Dear life, when I said ›can my day get any worse‹,
it was a rhetorical question not a challenge.«

Teeniespruch 2013

Schneller als jede andere Generation vor ihr haben es die Ypsiloner
schon in jungen Jahren geschafft, stilbildend in alle Bereiche des
Lebens und in alle Altersklassen der Bevölkerung hinein zu wirken. Bei dem angestrengten Versuch, den Vorsprung der digitalen
Eingeborenen aufzuholen, werden digitale Immigranten wie ich
nachdenklich: Die Y-Einstellung zum Leben und zur Arbeit ist für
uns Y-Eltern eine Herausforderung, die uns viel abverlangt. Es
könne sein, so vermutet Peter Herrendorf von Odgers Berndtson,
der für das *Manager Magazin* 500 Unternehmen nach diesem Ge-
nerationenphänomen befragt hat, dass »wir die Ypsiloner rück-
blickend als die Generation wahrnehmen, die am Anfang einer
ganz neuen Wirtschafts- und Arbeitswelt gestanden hat«.

Eine Wirtschafts- und Arbeitswelt, die weniger gängelt und eine
wachsende Normalität im Umgang mit Mann und Frau in Gang
setzt. Ob das reicht, nachhaltig die Gesellschaft in unserer westlichen Welt zu verändern? Es sieht ganz so aus, als ob sich eine neue
Sensibilität für eigene Verantwortung in der Gemeinschaft ausbil-
det. Die Ypsiloner wollen die bisher vorherrschende Egozentrik im
Wettlauf an die Spitze überwinden. Das »Mehr scheinen als sein«
der Vergangenheit verliert in Zeiten grenzenloser Kommunikation
an Bedeutung.

Also lernen wir von unseren Ypsilonern und gehen es locker an.
»Yolo« hieß das Jugendwort des Jahres 2012: You only live once.

Macht euch locker. Entkrampfung ist in der schönen neuen digitalen Welt eine Bedingung für Erfolg. Dafür zum Beispiel, schon in jungen Jahren ein paar Milliarden zusammenzubekommen. Oder wer hat den Facebook-Erfinder Mark Zuckerberg oder die Google-Gründer Larry Page und Sergey Brin schon einmal in Schlips und Kragen gesichtet?

Auf dem Weg zum Abgrund kann eine Panne lebensrettend sein

Diese kluge Einsicht gab mir der Philosoph Walter Jens mit auf meinen Lebensweg. Freuen wir uns also auch über Pannen. Es wird sie geben. Als eine lebensrettende Panne erscheint mir diese: Das Bestreben der digitalen Immigranten, jedenfalls den traditionellen Eingangscode des binären Weltensystems der Kinder und Enkel zu knacken, hat auf jeden Fall einen begrüßenswerten Nebeneffekt: Die Generationen kommen sich näher. Die Konrad-Adenauer-Stiftung sah sich 2013 das Problem auseinanderdriftender Generationen näher an. Die Autorin der Studie, Sabine Pokorny, kam zu dem Ergebnis, dass diese alten Gräben langsam zugeschüttet sind. Jung und Alt mögen sich. Krach gibt's wenig. Wofür wir, die 68er und ihre Nachfolger, noch auf die Straße gehen mussten, gilt längst als selbstverständlich. Oder wie die Freunde meiner Tochter mich fragen: »Wieso muss man immer *dagegen* sein? Wir sind einfach mal *dafür*.« Und damit seien sie, so zwinkern sie mir zu, »ja auch ein bisschen *dagegen*«.

Mit ihrer Zuversicht und ihrem uneinholbaren Vorsprung an Erfahrung und Wissen im IT-Kosmos können sie die Älteren bis hin zum Best-Ager Joachim Gauck durchaus beeindrucken. Den Bundespräsidenten, 74 und quicklebendig, feiern sie jedenfalls fast wie einen Popstar. Der von den Ypsilonern Umjubelte weiß selbst nicht genau, warum. »Seltsam, nicht?«, wundert sich der erste Mann im Staat. »Aus ihrer Sicht bin ich ein steinalter Mann. Aber vielleicht weil sie spüren, dass ich ihnen zugetan bin. Ich mag dieses Alter, in dem Weichen fürs Leben gestellt werden.« Weichen für unser aller Leben.

Mit der Lebenseinstellung von uns Alten ist jedenfalls die Zukunft nicht zu meistern. Davon sind Gesellschaftsforscher wie der Forschungsprofessor am Wissenschaftszentrum Berlin, Kurt Biedenkopf, überzeugt: Nur mit »einer neuen Form der bewussten Mitverantwortung der Bürger für ihr Gemeinwesen und für die Regierbarkeit ihres Staates« könne es gelingen, die sich in den entwickelten Industrieländern wie Deutschland auftürmenden gesellschaftlichen Probleme zu bewältigen.

Nach Jahrzehnten egoistischer, von den Interessen einzelner Gruppen bestimmter Selbstbedienungspolitik geht die Generation Y also nicht nur rosigen Zeiten entgegen. Sie werden Jobs bekommen. Das ja. Aber die geburtenstarken Jahrgänge, also wir digitalen Immigranten, haben nicht nur hohe Ansprüche aufgebaut. Mit unseren Ansprüchen auf ein gutes und versorgtes Leben bis ins hohe Alter hinein haben wir auch den Schuldenberg wachsen lassen, den wir unseren digitalen Einwohnern hinterlassen. Für all das müssen in den nächsten zwei Jahrzehnten die Jungen aufkommen. Und schlimmer noch: Wir Alten stellen dann auch noch die absolute Mehrheit. Auf drei von uns kommen dann zwei aus der Generation Y.

Die Kehrseite der Medaille: Der jungen Generation wächst eine Macht zu, die sie befähigen wird, der Welt schon sehr bald ihren eigenen Stempel aufzudrücken. Es ist die Macht der Knappheit. »Die Mitglieder der Generation Y können ihre Vorstellungen in die Berufswelt retten, weil sie davon profitieren, dass es nur wenige von ihnen gibt«, bestätigt Jutta Rump vom Institut für Beschäftigung und Employability in Ludwigshafen. Der Arbeitgeber müsse sich bewegen, so Rump 2013 gegenüber dem *FAZ.net*: »Es trifft den, der mit Knappheiten konfrontiert ist. Das ist, zumindest in den kommenden Jahren, nicht in jeder Branche der Fall. Im Gesundheitsmarkt oder in technischen und IT-Berufen werden Fachkräfte gesucht. Sie haben deshalb deutlich mehr Verhandlungsmacht als etwa Arbeitskräfte in der Medienbranche, in die immer noch viele drängen.«

Hinzu kommt die gern und nicht wegzudiskutierende Alterspyramide: Gab es im Jahre 2010 in Deutschland noch rund 44,6 Millionen Frauen und Männer im erwerbsfähigen Alter, werden es 2025 rund 6,5 Millionen weniger sein. Die Bevölkerungsstatistiker warnen uns nicht erst seit gestern, dass die Bevölkerung in Deutschland vergreist. Unsere Kinder werden für die teuren Versorgungsversprechen, die wir uns selbst für das Alter gegeben haben, aufkommen müssen.

Der Staat verhalte sich dabei kurzatmig »wie der Besitzer einer Frittenbude«, warnt der Volkswirtschaftsprofessor Bernd Raffelhüschen. Er versäume es, für die schon bald fälligen Milliardenforderungen an Renten und Pensionen vorzusorgen. Mit über 2 000 000 000 000 Euro – in Worten: zwei Billionen – stehen Staat und Sozialsysteme schon jetzt auf dem Papier in der Kreide. Raffelhüschen rechnete in einer Studie zur Staatsverschuldung hoch, wie diese Zahl eigentlich lauten müsste, wenn alle bereits fest zugesagten Leistungen der Altersversorgung eingerechnet würden. Schuldenstand und Zahlungsverpflichtungen addieren sich dann fast zum Dreifachen des Betrages: auf satte 5,8 Billionen Euro.

All das ist den Betreibern der großen Berliner Frittenbude, die nach jeweils vier Jahren ihre Kundschaft (Wähler) mit immer neuen Wohltaten zu Lasten der öffentlichen Haushalte zu ködern versuchen, hinlänglich bekannt. Trotzdem sind nur selten sichtbare und vor allem langfristig wirkende Lösungsansätze zu erkennen. Nicht zuletzt deshalb, weil die an Partikularinteressen und Legislaturperioden gebundene Politik auf die sich anbahnenden langfristigen Megatrends nur unvollkommen reagieren kann. Kurt Biedenkopf, einer der klügsten Analysten gesellschaftlicher und politischer Fehlentwicklungen, beklagt denn auch die Unfähigkeit demokratischer Staaten, die langfristigen Probleme wie etwa den demographischen Wandel nachhaltig anzugehen. Getrieben von Sonderinteressen in Wirtschaft und Gesellschaft fahren die Regierungen auf Sicht, bemängelt er. »Den Staaten fehlt die Kraft, sich auf die Zukunftsfragen zu konzentrieren und die Bevölkerung an der Suche nach Antworten zu beteiligen. Sie verweigern jegliche längerfristige Orientierung.«

Aus all dem kann nach Meinung der Gesellschaftsforscher nur ein Schluss gezogen werden: Da sich der Staat, die Politik, als bisher unfähig erwiesen hat, dieser fatalen Entwicklung wirksam zu begegnen, kann die Lösung nur von unten, aus der Gesellschaft selbst kommen. Dazu aber bedürfe es, so Biedenkopf, eben einer Reformation des Denkens. Hoffen wir, dass die Generation Y das Zeug dazu hat.

Die Jahrtausendwendekinder

»Wenn ich nur wüsste, welche die größte Naivität
meiner Zeit gewesen sein wird!«

Botho Strauß, 2013 im Spiegel

Während ich dieses Buch schrieb, bauten meine Tochter und die Töchter meiner Freundinnen ihr Abitur. Trotz allen Zitterns, trotz durchwachter Nächte und vieler tiefer Seufzer des Inhalts »Das schaffe ich nie« war diese Zeit doch schön. Ich habe unter Freuden- und anderen Tränen erfahren, dass es Erlebniskonstanten gibt, die Generationen überdauern und sie zusammenhalten, ganz egal, was sonst so an Revolutionärem abläuft. Mathe war für meine Tochter »das Arschloch« schlechthin, genauso wie für mich vor einem guten Vierteljahrhundert. Die Lehrer nerven wie früher und haben immer noch nichts Garstigeres im Sinn, als einem das Leben zu versauen. Und dann das Problem, das alle anderen wie einen kleinen Furz erscheinen lassen: Was ziehe ich zum Abi-Ball an? Kurz oder lang? Diese für eine junge Frau wichtigste aller Fragen ist mit Sicherheit nicht gendermäßig zu beantworten.

Und dann kam doch wieder alles anders. Hingerissen von meinen Erinnerungen fragte ich die jungen Damen: »Was fühlt ihr denn, wenn ihr an euer Leben danach denkt?« Ich erwartete das zu hören, was mich damals bewegt hatte. Ich hatte mächtig Bammel davor, was da auf mich zukommen würde. Was ich studieren könnte, ob ich zugelassen werde, ob der Beruf, den ich ansteuerte, der richtige sein würde – eben alles das, was ein Abiturient in den wenigen stillen Momenten dieser Zeit so denkt.

Doch da traf mich wieder dieser fassungslose Blick, der mich jedes Mal in eine Art Steinzeit zurückwirft. »Was sollen wir denn denken?«, wurde ich gefragt. »Na ja, habt ihr vielleicht Angst vor der Zukunft?«, schlug ich vor. »Angst? Warum das denn? Wir erholen uns jetzt erst einmal, machen ein Praktikum irgendwo im Ausland, orientieren uns und dann geht's los.«

Diese jungen Frauen starten mit einem größeren Selbstbewusstsein in ihr Berufsleben als zumindest ich es je gehabt habe. Und wenn ich dann so hinschaue, ja dann – ganz selten mal – fällt es mir schwer, nicht doch wehmütig an die guten alten wilden Kampfzeiten zu denken. Ich gebe zu, mir fehlt der Enthusiasmus von damals ein wenig, wenn ich die zahmen Ypsiloner still und stumm auf ihren Smartphones herumwischen sehe. Das geht beglückenderweise nicht nur mir so. Die Autorin Sybille Berg etwa vermisst auf *Spiegel Online* in ihrer Kolumne wie ich die Revoluzzer von früher:

»Menschen, die jünger sind als 40? Die sehen doch alle gleich aus, denkt der Mensch über 40: Sie sind sauber, gesund, gutriechend, enthaart, leistungsfähig und unauffällig. Wie öde, wie ekelhaft. (…) Deutschland sucht den Superstar, das deutsche Superhirn. Das Supertalent, das Supermodel. Stopp, rufe ich, ihr habt alles in einer Person gefunden: in mir. (…) Das, was der Mensch über 40 nicht mehr erträgt, ist die Uniformität der Menschen, die jünger sind als er. Er ist nicht neidisch auf die strahlenden Gebisse, die gestählten Körper, die uniforme Kleidung. Er findet es nur unendlich langweilig, wie sich alle zu einer großen, gesunden, komplett steuerbaren Einheit haben formen lassen.

Die Dicken schwitzen im McFit, die Dünnen machen Zumba zum Muskelaufbau, der Rest rennt wie Hamster in Rädern, um endlich so auszusehen wie der Allianz-Mann früher. Unauffällig, sauber, gesund, gutriechend, enthaart, leistungsfähig. Da soll mir doch ein Kannibale ran, denkt der Mensch über 40 und fragt sich, wo die Freaks geblieben sind. Wo, verdammt noch mal, sind die Verrückten? Die Selbstgehäkelten, die Gruftis, die Skins, die Punks, die Entrückten. Noch nicht einmal mehr schwarz gekleidete Ninjaschwertträger stehen in der Bahn herum, ›666‹ murmelnd. Nix mehr los.«

Aber das »Nix« machen sie gut. Natürlich muss das nicht im totalen Glück enden. Welche Auswüchse und Nebenwirkungen die neue Lebensart mit sich bringen kann, erleben wir bisher nur im Kleinen: Menschen vereinsamen vor ihrem Computer, Perverse finden in den sozialen Netzwerken ihr Eldorado. Das Internet macht Betrügereien im ganz großen Stil möglich. Der NSA-Abhörskandal Mitte 2013 ist sicher nur ein Anfang. Eine private Abgeschiedenheit nach dem Motto »my home is my castle« wollen sich meine Enkel wahrscheinlich gar nicht mehr vorstellen. Sie sind dabei, ein globales Wir-Gefühl zu entwickeln, das unsere Vorstellungen von Privatem irrelevant werden lässt. Es ist das Ende jener vom Bürgertum im 19. Jahrhundert gegen die Obrigkeit erkämpften Privatsphäre. Es ist der Anfang einer völlig neuen Öffentlichkeit, die – positiv betrachtet – vielleicht eines Tages auch imstande sein wird, Krisen und Interessenkonflikte anders zu lösen oder zu vermeiden.

Diese ausgleichende Wirkung muss sich zuallererst in Europa bewähren. Und Betroffene sehen das genauso. Mein Bankerfreund José ist achtunddreißig, kommt aus Spanien und arbeitete mehrere Jahre in Deutschland. Auf meine Frage, wie das denn so sei, mal im Ausland zu arbeiten, dann wieder zu Hause, erklärt mir der bekennende Europäer: »Unser Auftrag heißt: Sammle Fragen, sammle Ideen, dann trete immer mal wieder einen Schritt zurück, nur um wieder richtig Anlauf zu nehmen.« Junge Menschen, die das tun, so José, fänden sich überall in Europa. Sie sind flexibel und nehmen immer wieder Anlauf. Weil ihnen auch gar nichts anderes übrigbleibt. Denn sie leben nach dem Prinzip: Wenn nichts mehr geht, dann geht auch wieder alles. Eines ist dem jungen Spanier wichtig, und er glaubt, damit auch für seine Generation zu sprechen: »Wir korrumpieren vielleicht die Politik, ganz sicher die Arbeitswelt, keinesfalls aber die Macht. Das wollen wir gar nicht.«

Europas Jugend braucht diese pragmatische Einstellung. Ende 2012 war fast jeder vierte Bürger der EU unter 25 Jahren arbeitslos. 53 Millionen junge Europäer werden in ein paar Jahren das Sagen haben. Woher die Jobs für sie kommen sollen, weiß bisher niemand. Spätestens dann, wenn womöglich ein großer Teil von ihnen ohne Beschäftigung dasteht, werden sicherlich auch die selbstbewussten Pläne der Generation Y überarbeitet werden. Ihr kuscheliger Karrieretrip könnte dann verlaufen wie die Tour eines Bergsteigers bei schlechtem Wetter: Abbrechen und am nächsten Tag wieder aufbrechen. »Vielleicht werden wir die Nomaden des digitalen Zeitalters«, überlegt José, der mittlerweile in Berlin arbeitet.

Auf einer politischen Veranstaltung über die »Zukunft der europäischen Jugend« erklärt mir ein junger konservativer Nach-

wuchspolitiker: »Wenn es jemandem gelingen kann, das zerbrö-
selnde Europa wieder zusammenzuführen, dann ist es unsere Generation.« Er glaube fest daran.

Das ist auch uns zu raten. Denn derzeit sieht es eher danach
aus, als ob Europa sich in Parallelwelten von Armen und Reichen,
Arbeitslosen und Beschäftigten, den Wohlstand mehrenden und
ihn verlierenden Ländern aufspaltet. Es ist die vernetzte Generation Y, auf der jetzt alle Hoffnungen ruhen. Es ist diese Generation,
die lernt, Ungleiches als etwas hinzunehmen, das nichts Bedroh-
liches hat. Es sind die Heranwachsenden, die schon im Kindergarten anderen Kulturen begegnet sind und die nichts Außerge-
wöhnliches daran finden, sich im Gebet gen Mekka zu beugen,
Reis mit Stäbchen zu essen oder schwarze Krisellöckchen mit
bunten Kopftüchern zu bändigen.

In meiner Jugend im katholischen Rheinland wurde mir von
den Eltern meiner Freundin Ute freundlich, aber bestimmt unter-
sagt, weiter mit ihrer Tochter zu spielen. Denn sie hatte, was sie zu
der Zeit sicher selbst noch nicht wusste, den richtigen Glauben.
Ich hatte den falschen, ich war und bin evangelisch. Wir beide
merkten dann spätestens bei der Einschulung, dass wir offenbar
nicht zusammengehörten. Ich wurde in eine evangelische Grundschule, Ute in eine katholische geschickt. Auch dort brachte man
ihr bei, zu allem Evangelischen Abstand zu halten. Und interkon-
fessionelle Verbindungen zwischen Mann und Frau, zumal wenn
sie Nachwuchs zeugten, waren ein heißes politisches Streitthema.

So etwas ist, dem Herrgott oder wem auch immer sei Dank,
meiner Tochter und ihren Freundinnen kaum noch zu erklären. Ihnen käme es nicht in den Sinn, einen Menschen aufgrund seiner
Religion, seiner Sprache oder seiner Kultur in Kategorien wie gut
oder schlecht einzuordnen. Unser Nachwuchs geht von den Möglichkeiten aus, nicht von den Grenzen.

Dieser neuen Art von Toleranz fällt die Emanzipation, und was
wir bisher darunter verstanden haben, zum Opfer. Emanzipation

kann dann nicht mehr nur darin bestehen, Ungleichheiten als Folge der Geschlechtereinordnung einzuebnen. Emanzipation kann aus dieser Sicht dann nur bedeuten, uns so, wie wir sind, gegenseitig zu akzeptieren. Entscheidend ist dann nicht mehr, ob Mann, ob Frau, ob begabter oder weniger begabt, ob aggressiv oder eher nicht. Entscheidend ist die Frage, was aus dem Wissen um unsere Ungleichheit folgt. Folgt daraus Unterdrückung oder nicht?

Die Berliner Trendforscherin Hildegard Matthies wirbt für eine vorbehaltlose Akzeptanz des Andersseins. »Wo ich versuche, die Unterscheidung regelhaft zu ändern, produziere ich eine neue Unterscheidung. Das verändert nichts. Wir müssen anders denken lernen, zum Beispiel eine ehrliche Gleichberechtigung.« Frau sein ist kein Handicap, Mann sein auch nicht, sondern ein Ausgangspunkt für Verständigung. Die achtzehnjährige Filomena erklärt mir das via Facebook so: »Wer meint, dass es bei der Gleichwertigkeit darauf ankommt, dem Mann gleich zu sein, der macht den Mann zum Maßstab des Menschseins.« Mein zeitgemäßer Kommentar: geliked – gefällt mir.

Unsere Jahrtausendwendekinder sind selbstbewusster und die Welt ist farbiger. Einer der Vorläufer dieser Kinder, Christoph Schlingensief, formulierte das so: »Ich bin irgendwann im Eis steckengeblieben, ich bin nicht zum Nordpol gekommen, ich habe nicht den Mond erreicht, ich habe meine politischen Ansichten nicht durchsetzen können, ich hab auch keine Massenbewegung erzeugt, ich habe keine Kunst kreiert, die sich durchsetzen wird. Mein Gott, was soll daran falsch sein.« Der junge begabte Theaterregisseur starb 2010. Aber er hat seine Visionen weitergegeben. »Versuch's, wenn du scheiterst, scheiterst du, und wenn's mal im Rückwärtsgang vorwärts geht, auch gut.«

Zu den Standardfragen meiner Eltern gehörte: »Wo kämen wir denn hin, wenn wir eure Träumereien ernst nehmen würden?« Sie pflegten dann selbst die Antwort zu geben: »Nirgendwo.« Meine Tochter, meine Mitschreiber und Mitschreiberinnen und ihre Follower twittern das mit 125 Zeichen so: »Wo kämen wir denn hin, wenn alle immer sagen, wo kämen wir denn hin, und niemand hingeht und nachsieht, wo wir denn hinkämen.«

Die Generation Y geht nachsehen. Notfalls auch – ohne uns.

Anhang

Meine Mitautorinnen und Mitautoren

… sind zum Zeitpunkt der Entstehung des Buches im Ypsilon-Alter, haben eine typische Beschäftigung dieser Generation und beantworteten mir den folgenden Fragebogen:

- Willst du unbedingt Karriere mit jedem Mittel machen?
- Ist dir Geld und Ansehen sehr wichtig?
- Was läuft falsch in unserer Arbeitswelt?
- Hältst du Frauenförderung noch für zeitgemäß?
- Was verstehst du unter Gender?

Generation Y

»Frauenförderung ist nicht der richtige Weg«
Laura Messner, 24, Studentin der Betriebswirtschaft

»Ich hasse Ausdrücke, wie ›Frauenförderung‹ und so«
Eva Goldfuß, 23,
Studentin der Politik- und Kommunikationswissenschaft

»Frauenquoten sind die eigentliche Diskriminierung«
Katrin Müller, 23,
Studentin der Politik- und Kommunikationswissenschaft

»Geschlechterrollen aufgehoben«
Max Kaltner, 28, Journalistik-Volontär

»Mittlerweile sollten die Männer sich emanzipieren«
Jenny Brummer, 24, Studentin der Betriebswirtschaft

»Gender? Blöder Hype«
Julia Mumelter, 22,
Studentin der Politik- und Kommunikationswissenschaft

»Was Erna in Wuppertal über mich denkt, ist mir egal«
Andreas Popp, 30, Soziologe und Journalist

»Es wird an Symptomen herumgedoktert«
Anna Schrüfer, 24, Referendarin, Lehramt Germanistik

»Die Generation vor uns verfiel ins Burn-out und bereut heute«
Daniela Wachter, 30,
Opt-outerin, geht nach Mexiko

»Gemischte Teams ergebnisorientierter und auch erfolgreicher«
Florence Brauch, Rechtsanwältin

»Mama, du bist bescheuert feministisch«
Katarina Kosser, 17, Abiturientin

»Frauenförderung nicht in Form von Quoten. Dafür
gezielte Jugendförderung, wie z.B. Mädchen-/Frauenfußball«
Henning Bergius, 20, Student der Politologie,
Auslandsemester in England

»Rund-um-die-Uhr-Like-Button«
Lea, 26, Bloggerin

178

»Ich würde gar keine Arbeit machen, die mir (auf Dauer) keinen
Spaß macht«
Anja Füller, 34, Redakteurin und zweifache Mutter

Meine Interviewpartnerinnen und -partner

… standen mir geduldig Rede und Antwort und beantworteten
mir den folgenden Fragebogen:

- Wie könnte eine Gesellschaft aussehen, in der man sich –
  besonders Frauen – auch beim Aufstieg wohlfühlen und
  seine Erfüllung finden kann?
- Wie kann der Begriff »Karriere« für alle seinen positiven
  Klang behalten?
- Ist die Opt-out-Revolution ein Beleg dafür, dass immer
  mehr nicht mehr wollen?
- Angst oder Mut? Was bewegt die Karrierefrau, die in
  Sichtweite des Gipfels freiwillig umkehrt?
- Zwingen Quoten Frauen zu einem Erfolg, den sie innerlich
  ablehnen?

Die Emanzipation und der Gender

»Wär schön, wenn mehr Frauen länger aushalten würden«
*Manuela Schwesig, damals Stellv. Parteivorsitzende
SPD-Parteivorstand, heute Bundesfamilienministerin*

»Frauen zwingen durch die Quote den Männern neue Kriterien
von Erfolg auf«
*Karsten Knechtel, Geschäftsführer
Process Management Consulting GmbH*

»Das kann doch nicht so schwer sein«
Ana Maria (Nani) Ochs, Portfoliomanagement
MEAG MUNICH ERGO

»Männliche Führungskräfte schaffen's nicht,
bewusst auf den Gipfel zu verzichten«
Sigrid Reutter, Leiterin HR, Change & Implementation,
Telefónica Germany, Münchner Memorandum
für Frauen in Führung

»›Schneller, höher, weiter‹ wird zusehends anders definiert«
Jon Christoph Berndt, Geschäftsführer brandamazing.

»Immer wenn ich in die Lage kam, Befehle zu erteilen,
musste ich lachen«
Walter van Rossum, Schriftsteller

»Auf einen Topjob einfach keine Lust«
Barbara Bierach, Buchautorin: »Das dämliche Geschlecht«.

»Durchaus Alphaweibchen«
Susanne Bergius, unabhängige Wirtschafts-
und Finanzjournalistin für Nachhaltiges Wirtschaften
und Investieren

»Es ist an der Zeit für beide Geschlechter«
Sabine Moehring, KPMG Partner Audit

»›Zu Tode gementored‹ – das hatten wir denn schon«
Martina Weinberger, Business Training Coaching

»Feminismus wollen wir gar nicht mehr in dieser Art«
Prof. Dr. phil. Christiane Funken,

Leiterin des Fachgebiets Medien- und Geschlechtersoziologie,
Technische Universität Berlin

»Frauen trauen sich mehr«
Ingrid Wuenning Tschol,
Bereichsdirektorin Robert-Bosch-Stiftung

»In einer Spitzenposition tauscht man häufig Geld
und Macht gegen Lebensqualität«
Harald Martenstein, Kolumnist der ZEIT

»Auf dem Weg zum Gipfel ändert sich die Sichtweise«
Dagmar Mörsdorf, Professorin Uni Köln

Literaturverzeichnis

Politik/Wirtschaft

Jakob, Nora: »Dax-Konzerne verschweigen Personalthemen«, Wirtschaftswoche Online, 29.08.2012

Kaufmann, Matthias: »Arbeitsplatzwahl: Deutsche misstrauen dem Arbeitsmarkt«, Spiegel Online, 11.07.2012

Lüpke-Narberhaus, Frauke: »Politiker-Bild von Jugendlichen: Lautsprecher für Halbwahrheiten«, Spiegel Online, 24.08.2012

Generationen

Mannheim, Karl: »Das Problem der Generationen«, Zeitschrift für Soziologie, Jg. 14, Heft 5, Stuttgart 1985

Horx, Matthias: *Aufstand im Schlaraffenland – Selbsterkenntnisse einer rebellischen Generation*, Goldmann Wilhelm, München 1994

Dotzauer, Gregor: »Intergenerationeller Abgrenzungswahn – Szenediagnosen haben Konjunktur – kann man ihnen trauen«, Tagesspiegel, 24.02.2000

Papert, Seymour: *Mindstorms: Children, Computers and Powerful Ideas*, Basic books, New York 1993

Generation Y

Werle, Klaus: »Die Generation Y ändert die Unternehmen«, Spiegel Online, 09.08.2012

Trost, Armin: »Wie die Generation Y kommuniziert 2010«, Harvard Business Manager Blog, 28.07.2010

Schneeberger, Ruth: »Frauenrechtlerin Schwarzer in München: Mitleid mit der jüngeren Generation«, Süddeutsche Online, 06.12.2011

Turma, Thomas: »Generation XY ungelöst«, Spiegel Online, 29.03.2004

»Generation Y: Knockin' on Hospital's Door«, DocCheck News, 22.05.2013

Löhr, Julia: »Die Generation Y fordert die Personalchefs heraus«, FAZ Online, 16.05.2013

Bund, Kerstin; Heuser, Uwe Jean; Kunze, Anne: »Generation Y: Wollen die auch arbeiten?«, ZEIT Online, 11.03.2013

Astheimer, Sven: »Europas Jugend liebt deutsche Arbeitgeber?«, FAZ Online, 18.06.2013

Mesmer, Alexandra: »Junge Mitarbeiter wissen, was sie wollen«, Computerwoche, 10.06.2010

Hucklenbroich, Christina: »Ärzte der Zukunft: Der Brotberuf der Begabten«, FAZ Online, 03.05.2011

Hucklenbroich, Christina: »Generation Y: Der alte Arzt hat ausgedient«, FAZ Online, 27.04.2012

Hucklenbroich, Christina: »Generationenkonflikt in den Kliniken: Frage als Erstes, was man für dich tun will«, FAZ Online, 06.05.2013

Beitzer, Hannah: *Wir wollen nicht unsere Eltern wählen. Warum Politik heute anders funktioniert*, Rowohlt Taschenbuch Verlag, Reinbek 2013

Heinzlmaier, Bernhard: *Performer, Styler, Egoisten: Über eine Jugend, der die Alten die Ideale abgewöhnt haben*, Archiv der Jugendkulturen, Hamburg 2013

Bund, Kerstin: *Glück schlägt Geld – Generation Y: Was wir wirklich wollen*, Murmann Verlage, Hamburg 2014

Opt-out

Kloepfer, Inge: »Was Powerfrauen wirklich wollen«, FAZ Online, 05.05.2012

Meijas, Jordan: »Revolutionärinnen gesucht«, FAZ Online, 20.05.2005

Stachelhaus, Regine: »Männer hauen auf den Tisch, Frauen gehen«, Handelsblatt, 1/2. Juni 2013

Kraus, Katja: »Was heißt Scheitern heute?«, FAZ Online, 02.04.2013

Bierach, Barbara: *Das dämliche Geschlecht. Warum es kaum Frauen im Management gibt*, Wiley-VCH Verlag, Weinheim 2002

Stinkefinger oder »fuck you«

Thurn, Nicole: »Fuck Happiness«, Kurier Online, 18.01.2013

Illies, Florian: »Mach dir keinen Stress!«, ZEIT Online, 01.01.2011

Trenkamp, Oliver: »Wissensstudie unter Jugendlichen: Nachrichten sind uns egal«, Spiegel Online, 13.08.2012

Werle, Klaus: »Aufstiegsverweigerer Karriere? Ohne mich!«, Spiegel Online, 27.08.2012

Werle, Klaus: »Karriereverweigerer: Wer will noch Chef werden?«, Manager Magazin Online, 24.08.2012

Werle, Klaus: »Jungmanager: Die Kuschel-Kohorte«, Manager Magazin Online, 07.01.2013

Frauen und Karriere

Winterbauer, Stefan: »Julia Jäkel: Die Marissa von Gruner + Jahr«, Meedia.de, 06.09.2013

Scholter, Judith: »Interview mit Julia Fischer: Frauen in der Wissenschaft: ›Es gibt sie noch, die Dinosaurier‹«, ZEIT Online, 01.11.2010

Reimann, Anna; Meiritz, Annett: »Interview mit der Familienministerin Kristina Schröder: ›Kritik an meiner Person trifft mich natürlich‹«, Spiegel Online, 01.08. 2012

Vogt, Elena; Rothenberg, Michèle: »Sie haben es geschafft: 12 Top-Frauen aus der Wirtschaft«, Brigitte Woman Online, 11.04.2013

Kirsch, Claudia: »Kinder oder Karriere? Neun Erfahrungsberichte«, Brigitte Online, 06.07.2012

Crolly, Hannelore: »Mutter oder Managerin?«, Welt Online, 01.03.2005

Kaiser, Stefan: »Bemerkung über Mütter: US-Milliardär Tudor Jones bringt Frauen gegen sich auf«, 24.05.2013

Anton, Annette C.: *Raus aus der Mädchenfalle. Wie Frauen sich im Job nicht mehr selbst im Weg stehen*, Campus, Frankfurt 2006

Anton, Annette C.: *Mädchen für alles – Wie Sie die typisch weiblichen Jobfallen vermeiden*, Campus, Frankfurt 2009

Anonyma: *Ganz oben: Aus dem Leben einer weiblichen Führungskraft*, Beck, München 2013

Plehwe, Kerstin: *Female Leadership – die Macht der Frauen – Von den Erfolgreichsten der Welt lernen*, Hanseatic Lighthouse, Berlin 2011

Feminismus

Mika, Bascha: *Die Feigheit der Frauen: Rollenfallen und Geiselmentalität – Eine Streitschrift wider den Selbstbetrug*, C. Bertelsmann Verlag, Bielefeld 2011

Moran, Caitlin: *How To Be a Woman*, Ebury Press, London 2012

Friesen, Astrid von: *Schuld sind immer die anderen! Die Nachwehen des Feminismus – Frustrierte Frauen und schweigende Männer*, Ellert & Richter, Hamburg 2006

Haaf, Meredith; Klingner, Susanne; Streidl, Barbara: *Wir Alphamädchen – Warum Feminismus das Leben schöner macht*, Hoffmann und Campe, Hamburg 2008

Bauer-Jelinek, Christine: *Der falsche Feind – Schuld sind nicht die Männer*, Ecowin Verlag, Salzburg 2012

Schwarzer, Alice: *Lebenslauf*, Kiepenheuer & Witsch Verlag, Köln 2011

Männer

Brühl, Jannis: »Kristina Schröder: Frau Ministerin macht Männern Mut«, Süddeutsche Online, 23.01.2012

Gillies, Judith-Maria: »Familie und Beruf: Väter machen mit Kindern Karriere«, Wirtschaftswoche Online, 01.09.2012

Kucklick, Christoph: »Geschlechterdebatte: Der Mann, das Tier«, Spiegel Online, 23.04.2012

Bund, Kerstin; Heuser, Uwe Jean; Tatja, Claas: »Die Super-Männchen: Herkunft und Habitus nicht mehr so entscheidend«, ZEIT Online, 09.07.2012

Matthies, Hildegard: »Männerkultur bremst weibliche Karrieren«, bpb Online 08.02.2007

Knauß, Ferdinand: »Diversity Management: Frauen können es auch nicht besser als Männer«, Wirtschaftswoche Online, 31.08.2012

Erdmann, Lisa: »Männliche Erzieher dringend gesucht: Allein unter Frauen«, Spiegel Online, 26.03.2012

Friedmann, Susanne: *Wo die coolen Kerle wohnen – Eine Expedition ins Land der Midlife-Männer*, Kailash, München 2012

Bönt, Ralf: *Das entehrte Geschlecht – Ein notwendiges Manifest für den Mann*, Pantheon, München 2012

Rosin, Hanna: *Das Ende der Männer und der Aufstieg der Frauen*, Berlin Verlag, Berlin 2013

Doris Lessing: *Das goldene Notizbuch*, Fischer Taschenbuch, Frankfurt a. M. 1982

Erler, Gisela Anna: *Schluss mit der Umerziehung!*, Heyne Verlag, München 2012

Gleichberechtigung

Böcking, David: »Gehaltslücke in Deutschland – Chefinnen verdienen 30 Prozent weniger«, Spiegel Online, 04.10.2012

Cremers, Michael: *Neue Wege für Jungs – Ein geschlechterbezogener Blick auf die Situation von Jungen im Übergang, Kompetenzzentrum Technik – Diversity – Chancengleichheit*, Bielefeld 2006

Ebeling, Monika: *Die Gleichberechtigungsfalle – Ich habe mich als Gleichstellungsbeauftragte für Männer eingesetzt und wurde gefeuert*, Herder, Freiburg 2012

Töpper, Verena: »Fast jede zweite Führungsposition geht an eine Frau«, Spiegel Online, 06.09.2012

Familien

Greiner, Lena: »Monitor 2012: 89 Prozent der Deutschen wollen flexiblere Arbeitszeiten«, Spiegel Online, 24.09.2012

Baumgarten, Silke: »Herdprämie ab 2013: Bittere Pille mit positivem Effekt«, Brigitte Online, 06.06.2012

Dämon, Kerstin: »Arbeitszeitmodelle: Glückliche Mitarbeiter dank Familie«, Wirtschaftswoche Online, 16.04.2012

Maier, Anja: *Lassen Sie mich durch, ich bin Mutter: Von Edel-Eltern und ihren Bestimmerkindern*, Bastei Lübbe, Köln 2012

Brüdgam, Nele-Marie: *An seiner Seite – Frauen prominenter Männer erzählen*, Piper Taschenbuch, München 2009

»Betreuung: So großzügig sind Unternehmen«, Wirtschaftswoche Online, 01.09.2012

Quote

Kuhla, Karoline: »Die Quote ist das Miststück, das wir brauchen«, Spiegel Online, 16.11.2012

Dümer, Viktoria; Eisenlauer, Martin; Scholz, Merlin: »Facebook-Vizechefin Sheryl Sandberg: ›Eine Frauenquote allein reicht nicht aus‹«, Bild Online, 18.04. 2013

Pfeffer, Sebastian: »Anne Will: ›Kristina Schröder ist doch dreifache Quotenfrau‹«, Welt Online, 18.04.2012

Langer, Claudia: *Die Generation »Man müsste mal« – Eine Streitschrift*, Droemer Verlag, München 2012

Gender

Stiegler, Barbara: »Gender Mainstreaming – überflüssig oder kontraproduktiv?«, bpb Online, 24.10.2012

Butler, Judith: *Gender Trouble – Feminism and the Subversion of Identity*, Routledge, New York 1990

Bräunig, Detlef: »Frauen in Zahlen: Mehr Fairplay bitte!«, Blog: Das Männermagazin, 29.10.2012

Martenstein, Harald: »Gender-Politik und Voodoo laufen auf das Gleiche hinaus«, ZEIT Online, 19.04.2010

Cornelißen, Waltraud (Hg.): *DJI Gender-Datenreport. Kommentierter Datenreport zur Gleichstellung von Frauen und Männern in der Bundesrepublik Deutschland*, im Auftrag des Bundesministeriums für Familie, Senioren, Frauen und Jugend 2005

Haerdle, Benjamin: »Sprachreform an der Uni Leipzig: Guten Tag, Herr Professorin«, Spiegel Online, 04.06.2013

Fleischhauer, Jan: »Vorsicht, Gender-Gegner!«, Spiegel Online, 11.07.2013

Schößler, Franziska: *Einführung in die Gender Studies*, Oldenburg Verlag, München 2008

»Müssen wir bald ›Vorständin‹ sagen?«, Bild Online, 12.01.2013

»Grüß Göttin«, dieStandart.at, 21.08.2009

Downshifting

Utler, Simone: »Weniger Arbeit, mehr Leben«, Spiegel Online, 04.10.2012

»Jeder 3. will lieber mehr Freizeit als Gehalt«, Bild Online, 28.02.2012

Govedarica, Kristina: »Studie über Arbeitszeiten: Der Nine-to-Five-Job ist tot«, Wirtschaftswoche Online, 28.06.2012

Astheimer, Sven; Löhr, Julia: *Im Gespräch: Jutta Rump: »Die Ochsentour hat ausgedient«* – http://www.faz.net/aktuell/beruf-chance/arbeitswelt/generation -y/im-gespraech-jutta-rump-die-ochsentour-hat-ausgedient-12212631.html

Work-Life-Balance

Römer, Jörg: »In der Freizeit auf dem Kriegspfad«, Spiegel Online, 16.09.2012

Werle, Klaus: »Work-Life-Balance: Karriere? Ohne uns«, Spiegel Online, 20.07. 2012

Meiritz, Annett: »Eltern scheitern an Work-Life-Balance«, Spiegel Online, 09.04. 2013

Studie zu flexiblen Arbeitsmodellen: mehr Mitarbeiterbindung & Work-Life-Balance – http://blogs.technet.com/b/microsoft_presse/archive/2013/08/09/ studie-zu-flexiblen-arbeitsmodellen-mehr-mitarbeiterbindung-amp-work-live-balance.aspx 9 Aug 2013

Talentmanagement

»Talentmanagement«, perwiss.de, 2010

»Talent Management Studie im Web 2.0«, Intraworlds Studie, 2010

Heck, Carola: »Talent Management – Potenzialträger erkennen und fördern«, Management Portal, 17.10.2010

Bildat, Prof. Dr. Lothar: »Personalentwicklung und Talentmanagement: Mode oder Notwendigkeit?«, Vortrag Baltic College Schwerin

Tauber, Andre: »Die Talentschmieden der deutschen Großkonzerne«, Welt Online, 29.03.2013

Bestager Demographie

Zimmer, Uwe: »Eine Generation ohne Arbeit«, Wallstreet Online, 20.05.2013

Paulus, Herta: »Karrieresprung: Den Wissenstransfer sichern«, FAZ Online, 08.08.2008

»Demografischer Wandel«, BMW Group Online

Lueg, Andrea: »Das Potenzial von reifen Azubis«, Deutschlandfunk Online, 04.04.2013

Visionen

Yang, Gil-Im: »Revolution der Online-Stellenanzeige«, HUW28 Blog, 29.02.2012

»Wo bleibt die Zeit? Zeitbudgetstudie des Statistischen Bundesamtes«, bmfsfj.de, 2003

Braig, Axel; Renz, Ulrich: *Die Kunst, weniger zu arbeiten*, Fischer Verlag, Frankfurt a. M. 2005

Albers, Markus: »So werden die Menschen in Zukunft arbeiten«, Welt Online, 07.09.2008

Burger, Christoph: *Karriere ohne Schleimspur: Wie Sie Charakter zeigen und trotzdem Erfolg haben*, Linde, Wien 2012

Frenser, Inga: »Hier wollen Ihre Kinder einmal arbeiten!«, Bild Online«, 02.05. 2013

Huber, Maria: »Unser Wissen ist in 18 Monaten nichts mehr wert«, Spiegel Online, 29.04.2013

»Facebook-Vizechefin Sheryl Sandberg beklagt Fachkräftemangel«, Spiegel Online, 20.04.2013

Beck, Linda: »Wir wollen keine Manager sein? Doch – nur auf eine neue, kreativere Weise!«, Recruiting Generation Y, 28.03.2013

»Mehr als nur ein Jobangebot«, IZ-Jobs.de, 27.06.2013

Oldenburg, Felix; Hoenig-Ohnsorg, Dennis: »Karrierewege für Weltveränderer«, germany.ashoka.org, 25.02.2013

Biedenkopf, Kurt: »Sehnsucht nach Freiheit«, Handelsblatt, 05.07.2013

randstadkorrespondent: »Arbeitszeitmodelle – zur Nachahmung empfohlen, Wissenswertes für die Personalarbeit« – http://www.randstad-korrespondent.de/august-2013/arbeitszeitmodelle-zur-nachahmung-empfohlen.html

Schmidt, Eric; Cohen, Jared: *Die Vernetzung der Welt: Ein Blick in unsere Zukunft*, Rowohlt, Berlin 2013

Schröder, Lothar; Schwemmle, Michael: »Gute Arbeit in der Crowd?« – http://www.input-consulting.com/download/end_Schroeder-

Dohmen, Caspar: »Digitale Tagelöhner: ›Davon kann niemand leben‹« – http://www.sueddeutsche.de/wirtschaft/digitale-tageloehner-davon-kann-niemand-leben-1.1717998